中国农业创投、创业与创新

贾相平 著

经济管理出版社

图书在版编目（CIP）数据

中国农业创投、创业与创新/贾相平著．—北京：经济管理出版社，2020. 12
ISBN 978 – 7 – 5096 – 5402 – 6

Ⅰ．①中…　Ⅱ．①贾…　Ⅲ．①农业投资—研究—中国②农业企业管理—研究—中国　Ⅳ．①F323. 9②F324

中国版本图书馆 CIP 数据核字(2017)第 249067 号

组稿编辑：曹　靖
责任编辑：杨国强　张瑞军
责任印制：黄章平
责任校对：雨　千

出版发行：经济管理出版社
（北京市海淀区北蜂窝 8 号中雅大厦 A 座 11 层　100038）
网　　址：www. E – mp. com. cn
电　　话：（010）51915602
印　　刷：唐山昊达印刷有限公司
经　　销：新华书店
开　　本：720mm × 1000mm/16
印　　张：13. 5
字　　数：210 千字
版　　次：2020 年 12 月第 1 版　　2020 年 12 月第 1 次印刷
书　　号：ISBN 978 – 7 – 5096 – 5402 – 6
定　　价：68. 00 元

前　言

股权及其现代组织形式是人类对合作及合伙制认知与实践的精华。首先，现代合伙制突破传统“同股同权”的股权合作制度，对人力资本和企业家精神进行较大赋权，确保知识型要素参与剩余价值分配并具有实际控制权。其次，传统合伙制基于资源要素禀赋，“有钱出钱，有力出力”；而现代合伙制建立在自我施压与担责基础上，合伙人既要出钱出资源，还要出力。因此，在现代股权形式下的合伙制，人力资本与货币资本不是简单的雇佣关系或委托关系，而是合伙契约关系，投资人同时也是合伙人。再次，现代股权形式的合伙制是动态的，当合伙人无法做出贡献时要有退出机制，让可以产生和实现剩余价值的新合伙人和新要素加入。最后，现代合伙制不仅以利益分配（或剩余价值共享）为目的，更重要的是共享信息、知识、资源与智慧，是良性的共享生态环境体系。因此，基于股权的合伙制以及创投活动不仅仅是激励手段，更是社会治理结构、战略思维和人才动力机制，还能构建新的商业文化和文明（彭剑锋，2017）。

创投（Venture Capital，VC）是现代股权合作的重要形式，也是推动创新和社会进步的重要制度安排，但由于概念不清以及理论研究不够深入，导致社会公众存在认知偏误。首先，被误认为是金融业务和资本游戏，不是实业经济。事实上，VC 投资范围涉及虚拟经济和实体经济，投资者需要付出大量管理和服务工作，整合资源和培育创业项目；由于这些投后管理服务是竞争性的，因此有助于优化社会资源并对接创新活动。其次，被误认为是风险性的投机行为，并不持续性创造价值。商业实践中 VC 投资者在企业尚未真正创造价值的阶段进行投资，通过培育后在资本市场卖掉股权，将企业价值社会化。VC 的本质是在高度不确定条件下投资企业的成长性和创新潜力，退出有助于资本在项目成长性不足时寻求创新潜力更高的项目，实现资本良性循环。最后，被误认为资金筹集和投资活动不公开，加剧金融市场风险。当缺乏有效制度安排时，创新容易被模仿或无偿使用，从而弱化创新动机和激励，出现市场失灵，导致全社会范围内创新供给不足。因此，私募形式是保护创新的制度安排形式之一，与不规范的金融行为是不同概念。由于存在这些认识误区，虽然国家出台法律法规和规范性文件，积极引导 VC 成为我国创新驱动的重要手段，但股权创投行业时常面临"抽象地肯定，具体地否定；政治上支持，政策上限制"的尴尬局面（靳海涛，2017）。

随着我国农业现代化进程和城乡统筹发展加速，股权合作和创投资本正逐渐成为创新驱动和改造传统农业的重要制度安排及组织形式。**首先，有助于对知识型要素形成正向激励，构建体现增加知识价值的收入分配机制和社会文化，推动科技成果加快向现实生产力转化。**由于信息不完全，知识型要素无法像传统生产要素那样通过市场机制实现定价和交易；股权创投通过一系列机制设计，促进投资者和创业者之间的信息交流并对知识型要素形成经济激励，统筹基础研究、应用研究、技术开发、成果转化的全链条创新，加速科技成果转化。**其次，有助于推进政府管理体制改革，建立并完善多元化和多层次的支农政策体系。**由于农业涉及社会公共福利，因此财政补贴、政府干预以及政府主导的市场调节在农业政策领域较为普遍，政府职能转变不到位，越位、缺位和错位同时并存。此外，项目审批设置多、时间长且效率低，决策、执行和监督三者之间界限不清，缺乏应有的制衡。股权合作和创投资本有助于转变政府职能，理顺与市场关系，构建财政与金融手段结合、政府与民间社会资本互补的多元化、多层次支农政策体系。**最后，有助于全社会范围内将资本、技术、管理等资源和要素在农业领域进行跨界配置，促进第一、第二、第三产业融合。**与传统金融形式不同，创投投资的是企业的成长性，投后管理的重要内容是资源对接和价值增值。此外，为了防范和分散风险，创投基金和机构往往结合自身优势领域进行跨界投资，这有助于将非农领域的创新要素引入传统农业，加速现代农业转型。总之，农业是国家经济社会稳定发展的基础与保障，我国政府长期以来将农业农村改革、统筹城乡发展和强农惠农富农作为经济发展的基础工作。在这种背景下，股权合作和创投资本成为改造传统农业和实现农业现代化的重要制度安排及组织形式。

在互联网经济快速发展以及“大众创业、万众创新”背景下，股权合作和创投资本在我国农业领域变得异常活跃且体现出较强的波动性。大量民间社会资本“高歌猛进、前赴后继”投入农业的同时，农业创投项目纷纷“折戟沉沙”，创投机构和创业者在前所未有的时代机遇中体会到莫以名状的挫折感。与此同时，各级政府和部门陆续出台法规和政策，试图探索积极的政策引导与规范措施，使农业创投、创业与创新变得更加扑朔迷离和复杂。在互联网高度发达的现代社会，创投行业在农业领域的成功与失败被迅速放大，社会上因此出现了资本和创业在农业领域美好憧憬和消极失望的复杂情绪；一方面不计其数的创业者和创投机构砥砺前行，创业者和投资者兴奋地参加着各类创投活动，面色潮红地谈论和憧憬着“B 轮”、“C 轮”甚至“IPO”；另一方面失败的案例让行业（创投和农业）成为“替罪羔羊”，农业领域被创投行业形容为“坑”，创业者则视创投行业为急功近利的投机者。**创投与农业的结合从“趋之若鹜”到“避之如虎”，既体现了伟大时代下创业者和投资者的勇敢实践以及商业自由，也折射了喧嚣下的非理性和冲动。**

科学的实践需要科学的理论和方法，但针对该领域的系统研究却极少，限制了社会各界对（农业）创投、创业和创新的科学认识，弱化了农业现代化和城乡统筹的创新驱动。在此背景下，本书设计并组织了六个章节，试图从理论、实证和实践三个层面回答如下问题，希望对各个领域的不同读者有所帮助，引导创投、创业和创新的讨论与实践更加科学化。

（1）什么是创投、创业和创新？相关概念和内在逻辑关系是什么？理论基础是什么？

（2）股权合作形式的创投活动推动创新以及促进科技成果转化的机制机理是什么？商业实践模式是什么？

（3）政府如何参与（农业）股权合作和创投？引导模式是什么？应遵循什么原理及路径？

（4）国外创投行业（以及农业创投）现状如何？有什么国际经验可借鉴？

（5）我国创投行业（以及农业创投）发展现状及特点是什么？规模多大？区域分布怎样？投资轮次分布及其变化是什么？创投项目内容是什么？是否具有颠覆式创新属性？

（6）现阶段创投行业中的新生代农业创业企业家有什么特点？什么样的创业者更容易获得创投资本和机构的支持？

（7）创新和创业精神与能力能否通过教育获取？高等教育机构开展创新和创业教育是否有理论支撑？当前情况下，我国创新和创业教育应如何开展？

本书共设置六个章节，分别从创投、创业和创新相关概念、理论、商业实践、国内外创投发展历程及现状、趋势、特点、问题、农业创投影响因素、政策性基金引导模式以及创新创业教育等方面进行介绍和讨论。下面简要介绍各章的结构及内容，同时为了便于读者阅读，本书在各章起始位置摘录了该章节的核心观点和信息。

第一章内容提供本书核心内容的理论基础，澄清由于认知和翻译问题导致的概念偏误，通过回顾经济学理论及相关争论，揭示创投、创业和创新的内在逻辑关系，论述农业创新的特点、本质以及现代农业创新的路径与思路。由于受特定历史阶段的认识水平变化以及政治经济文化背景影响，创投在我国出现了“风险投资”、“创业投资”以及“产业（引导）基金”三种翻译形式。这些翻译形式在不同程度上导致认知和实践偏离了概念及其本质，弱化了创新的认知、实践和不确定性等特点，不自觉地放大了创业者对创新失败的心理成本和市场投机动机，弱化了股权创投合作形式的制度优势以及创新创业的系统性和动态性，导致政府职能越位、缺位和错位，背离政策初衷并扰乱创新创业的市场秩序。

通过梳理理论和澄清概念，本章提出“创育投资”的翻译形式，突出创新创业是认知与实践的内在统一，揭示创新创业教育的本质、方式方法及其重要性。本章探讨创新的本质，认为市场需求、创业组织形式以及价值创造是创新的三个基本要素。最后，本章讨论创投、创业与创新的内在关系，表明并非所有的创业都具有创投价值，同时并非所有的创投项目都具有创新属性；股权创投是创业组织形式实现创新的筛选机制、定价机制、资源整合机制和激励机制。农业创新的本质是创业组织通过技术、营销、组织和管理等变化，不断挑战和突破传统农业的特性和约束，满足人们日益变化的社会需求。

第二章内容介绍商业实践中股权创投的运营机制、运营过程以及综合生态，结合第一章理论综述，解释股权创投促进实现创新创业的机制机理。由于股权创投中存在投资人与管理人、管理人与创业者之间的双层代理关系，因此机制设计具有一定特殊性和复杂性。创投运营机制的核心是通过股权和契约安排，对具有创新潜力的智力和知识要素主体（创投基金管理人和创业者）充分赋权，同时设立相应的激励和约束机制，保证投资人利益并降低风险。与此同时，创投、创业与创新并非独立的个体行为，而是多元主体在特定环境下的集体认知和互动，因此创投生态和创投文化是推动创新创业的重要外部生态环境和制约因素。

第三章内容回顾国内外股权创投行业的发展过程及历史演进，总结国内外创投行业的特点和一般规律。与国外股权创投行业发展的市场驱动不同，我国股权创投行业一方面受宏观经济影响，另一方面与政策法规高度“共振”，体现了较强的政府意志。与此同时，有争议的翻译形式（如“风险投资”和“产业基金”等）以及局部不规范实践对创投行业发展带来一定不利影响，制度供给的系统性、连续性和一致性有待改善。本章系统回顾了我国股权创投行业的发展过程，实证分析资本来源、投资对象成长阶段以及退出方式等特点及变化趋势。研究发现，国内外农业股权创投呈现出巨大的差异性，除了经济结构和农业现代化水平差异，我国股权创投行业目前仍然沿用传统行业定义，将食品、消费以及涉农电子商务创投活动统计到其他行业中，严重低估了“泛农业”的创投比例，无法体现现代农业产业融合和创新要素跨界配置等特点以及股权合作和创投改造及升级传统农业的功能和作用。

第四章内容是本书的实证核心，基于翔实的资料调查和数据分析，揭示我国农业创投的特点及变化，实证分析创投、创业与创新的相互关系。针对我国股权创投管理机构和行业协会关于投资对象行业划分口径过粗、统计信息缺失以及无法反映现代农业产业融合特点等问题，本章通过对 2010～2016 年我国 148 个农业创业公司以及 262 笔股权创投进行数据分析，揭示我国农业创投的规模、区域分布、轮次分布、经营内容、创新特点以及动态变化。针对现有经济学和管理学在创业理论上的分歧，通过假说检验探究创业者获得股权创投的影响因素，发现创业者的（农业）专业领域教育背景和从业经历对“后天使轮”创投融资没有显著影响，创业经历尤其是创业失败经历有助于创业者获得创投资本。

研究证伪了在我国影响广泛的科兹纳“机会发现”创业理论，表明颠覆式创新是非线性的进化过程，认知固然重要，行动才是决定性的。与此同时，颠覆式创新过程中，知识型要素是多维的；专业领域知识虽然重要，但是复合型创业团队、终身学习的习惯和能力以及交流平台更为重要；长期从事和浸淫在某个特定行业容易受固定思维模式禁锢，并不利于颠覆式创新。这些发现与哲学认知论（Epistemology）、现代认知心理学（Cognitive Science）和创业管理学（Entrepreneurial Management）是一致的。农业现代化和城乡统筹发展实现创新驱动，除了推动创投和创业，还要设计相应的“失败学习”和“容错机制”。第四章的实证分析对于深入理解创新创业理论以及指导创投和创业实践具有一定学术价值。

第五章内容介绍政府参与股权创投的原理和引导模式。近年来，在国家深化改革投融资体制改革以及“大众创业、万众创新”的背景下，各地出现大量以“产业基金”和“引导基金”冠名的政策性基金，一方面体现了中央和地方探索制度创新，努力转变政府职能并发挥市场配置资源的基础性作用，但另一方面也出现诸多不规范行为，弱化股权创投的市场化机制和制度优势，导致政府职能越位、缺位和错位，背离了政策初衷并扰乱了创投市场秩序。因此，第五章着重介绍政策性基金的原理、引导模式以及评价评估方法。此外，通过剖析 A 省特色农业产业基金案例，对比讨论政策性基金若干引导模式的优缺点及适用条件，提出农业领域政策性引导基金的设计方略和准则。

第六章内容讨论创新创业教育理论、实践及政策建议。长久以来，学术界关于“创新创业能力是否能够通过教育形式获取”以及“高等院校等正规教育机构进行创新创业教育是否具有正当性”的争论异常激烈。为了更好地回答这些问题，第六章通过梳理新古典经济学、奥地利经济学以及制度经济学关于创新和创业的经济学分析及其争论，结合我国创新创业教育现状和问题，提出我国高等院校和传统教育机构开展创新创业教育的理念、方式方法以及政策建议。

本书的读者定位较为广泛，包括政府部门、创投机构、创业者、研究人员以及高校教育工作者和管理人员。

第一，政府部门包括创投监管机构、农业部门、教育与科技部门以及各级地方政府。股权创投合作有助于加快推进政府管理体制改革，发挥市场和企业配置资源的作用，通过向科技、智力和知识等创新要素充分赋权促进科技成果转化，全面激活经济增长的新动能。在农业领域，股权创投合作有助于将创新要素引入传统农业并进行跨界配置，促进第一、第二、第三产业融合和产业升级，推动传统农业向现代农业转型。在金融领域，创投是多元化、多层次资本和金融体系的重要组成部分，其复杂性和动态性需要监管部门不断完善监管和服务，科学、合理和及时地进行制度供给。本书（第五章内容）有助于地方各级政府借鉴已有经验和教训，探索适合当地情况的政策性基金引导模式，发展当地特色产业（如农业）。

第二，本书有助于创投机构（包括天使投资人和私募股权基金）和二级市场从业人员系统了解创投实践促进创新和创业的逻辑、机制和机理，熟悉创投行业在我国的历史、现状、特定领域（农业）的行业特性以及创投规律。本书解释并讨论创投与创业的本质，有助于创投机构更好地为创业者对接优质资源，避免创业精英和投资者简单地将个人和他人成功经验"移植"给创业者，辅助并强化创业者进行自我认知和实践。此外，本书（第一章第三节）揭示创投活动并非独立的个体行为，而是多元主体在特定环境下的集体认知和互动，创投、创业和创新具有聚集效应和集群特征。这有助于创投机构从业人员深刻理解所在行业的竞争性与联合性，有助于创投行业协会认识到行业内"准公共产品"的重要性，积极建立并完善创投生态，强化行业规范和声誉制度，积极主动争取政策法规等制度供给并参与相关决策。

第三，创业者（不限于农业领域）是本书的重要读者。本书的理论章节看似冗长晦涩，但通过了解历史上不同经济学流派的创业理论及其争论，有助于创业者在做出创业决定前认真思考“什么是创业”、“创业是否具有创新价值”以及“当下是否具备创业条件”三个基本问题。创业理论指出，创业的本质是企业家对无法预见的不确定性的认知、判断、行动及试错，创业者需要思考自己是否对创业活动所在行业和领域的不确定性具备充分的知识储备、经验积累以及失败教训，因此创业理论是创业认知和思维模式的基础。创业者应警惕任何形式的成功经验和商业模式，不盲目崇拜“创业导师”，批判地看待创业课程和创业经营等形式的外源性知识。此外，创新理论指出市场需求、互补要素、创业组织形式以及价值创造是创新的基本要素，这有助于创业者（以及创投机构）对创业项目进行评估，客观、理性地判断是否具备创新属性。总之，本书理论结合实证，验证并澄清了部分创业理论对创新和创业的庸俗化（过度创业）或超自然化（消极创业），这对于“大众创业 万众创新”具有较强的时效性和针对性。

第四，研究人员。本书可作为创新创业理论和实证研究、工商管理、农业经济学和产业经济学等领域研究的参考资料。其中，第一章与第四章分别为创投、创新和创业的理论和实证部分；第二章和第五章介绍创投的运营机制、运营过程以及政策性基金引导模式，可作为农业经济、产业经济和工商管理相关研究的阅读参考；第三章和第四章的数据和实证分析可供股权投资和创投行业研究者参考。

第五，高校教育工作者和管理人员。2015 年国务院办公厅发布《关于深化高等学校创新创业教育改革的实施意见》（国办发〔2015〕36 号，以下简称《意见》）。《意见》总体目标为“形成科学先进、广泛认同、具有中国特色的创新创业教育理念，形成一批可复制可推广的制度成果，普及创新创业教育，实现新一轮大学生创业引领计划预期目标”。《意见》同时提出“要把创新创业教育质量作为衡量办学水平、考核领导班子的重要指标，纳入高等院校教育教学评估指标体系和学科评估指标体系，引入第三方评估”，并将 2017 年和 2020 年分别设定为

"取得重要进展"和"显著性成果"目标时间点。在此背景下，高等院校纷纷加大支持力度，多种形式探索创新创业教育。但由于认知偏误，创新创业教育形式化等同于工商管理课程和就业指导等做法非常普遍，完全背离了创新创业教育的本质。长久以来，国内外学术界关于"创新创业能力能够通过教育形式获取"以及"高等院校等正规教育机构进行创新创业教育是否具有正当性"的争论异常激烈。本书第六章内容通过梳理经济学理论及其争论，结合我国创新创业教育现状和问题，提出我国高等院校和传统教育机构开展创新创业教育的理念、方式方法以及政策建议，从而对高校教育工作者和管理人员具有一定参考价值。

本书是国内首部系统论述创投、创业和创新，且以特定领域（农业）进行行业分析的学术论著。因受实践经历和研究资源等限制，本书存有若干缺陷和遗憾，有待未来研究不断深入和继续完善。

首先，创投机构和农业创投项目信息过于单薄，阶段性特征及变化不显著。受研究资源限制，当前创投项目数据库信息量有限，没有包括创投项目运营机制相关信息（如投资人和创始人股权设置、风险防范措施、投资人和基金管理人价值增值活动及方式方法等）；创投机构信息中同样缺少投资人和基金管理人的股权分配以及风险防范方法和措施等。与此同时，由于时间跨度小且相关财务信息过于敏感，实证研究没有涉及并讨论创投项目退出，对创投、创业和创新的阶段性和整体性特点的分析不完整和不全面。

其次，样本选择有偏，没有收集整理未获创投资本的农业创业项目信息。本书实证分析（第四章）基于 2010～2016 年实际发生的农业创投项目，没有包括有融资意图并已递交商业计划书（BP）但没有获得创投的活动，从而导致实证分析的样本存在选择性偏误。虽然这个问题在创投研究中非常普遍，但如果资源和条件允许，今后研究人员可通过与创投机构合作，将提交 BP 但未获创投的项目（以及创业项目标的投资额与实际投资额等）也纳入分析，这有助于揭示创投促进创新和创业的一般规律以及机制机理。

再次，分析方法以统计分析为主，案例分析过少且深度不够，对创投从业人员的参考价值有限。虽然本书第五章以A省农业产业基金为案例讨论了政策性基金的引导模式，但由于该案例处于投资执行阶段，数据和信息不便于公开，因此案例分析没有深入创投层面，没有介绍母基金如何跟投或平行投资子基金以及创投项目，以及子基金农业创投项目的特点和产业融合关系。与此同时，本书缺少对农业创投项目的经典案例介绍和分析，这一方面与本书的核心目标有关（概念、理论与实证），另一方面也缘于研究条件和研究资源的限制。

最后，理论框架与实证分析有待进一步结合与完善。假说检验类实证分析虽然有助于验证经济变量之间的相互关系及因果性，但这些分析大多基于特定状态，无法体现特定行动以及行为背后的认知过程。在创投和创业研究领域，投资者、基金管理人以及创业者通过哪些行为和契约安排实现激励并防范风险？实践中如何通过机制设计平衡投资人、基金管理人以及创业者之间的权利与义务？创投如何通过契约安排（如现金支配权、议事权、投票权、可转换优先股、可转换债券、清算权以及控制权等）对知识和智力要素充分赋权？这些机制如何在不同创投阶段变化？农业领域与其他行业相比创投的机制设计有何不同？研究以上问题有助于打开这个“外行看不明白，内行说不清楚”的“黑盒子”，理解和揭示股权合作和创投的制度优势并科学指导实践。

总之，本书的写作过程同时也是一次“创业”经历，是笔者对一个并未有真正从业经历行业的学习、调研与思考。本书涉及较多学科和专业知识，其中笔者在部分领域具有多年研究经验（并掌握相关行业的专业知识），但也有若干领域超出笔者的“舒适区”，是其个人学术研究的一次“远足”。本书的观点和数据尚有不成熟之处，个别专业表述可能有不规范的地方。总之，文责自负，希望读者和行业专家给予指正和讨论，帮助笔者进行“连续创业”。

本书的创作过程得益于众多创投行业投资人、创业领袖以及创业者的无私帮助与分享，本书的很多观点也反映了当前创投行业对中国农业领域创投、创业与创新的集体思考。由于篇幅限制无法一一致谢，尤其感谢 IDG 资本、达晨创投、英诺天使基金、启迪创业投资管理有限公司等机构及人员。感谢北京信息科技大学王敬敬博士、西北农林科技大学硕士研究生樊佳欣以及团队的支持与付出。本书并非特定项目标的产出，但感谢国家自然科学基金（71573209）、西北农林科技大学“高层次人才支持计划”以及陕西省“百人计划”给予的支持和自由空间，笔者得以从兴趣出发自由地进行研究和探索。感谢经济管理出版社编辑团队。感谢家人长久以来的理解与支持。

目　　录

图目录

表目录

第一章

创投、创业与创新的概念及理论

语言分析哲学认为翻译形式一方面反映概念认知，另一方面也受具体语言文化背景影响，并反过来影响认知和实践。“创投”作为语言翻译形式，源于英文“Venture Capital”，是人类探索未知和实践创新的重要组织形式和制度安排。由于受特定历史阶段的认识变化以及政治经济文化背景影响，在我国出现了若干不同的翻译形式，这些翻译形式在不同程度上偏离了概念及事物本质，并影响了人们的科学认知和实践。为了全面系统地了解相关概念，本章第一节介绍“风险投资”、“创业投资”以及“产业（引导）基金”三种翻译形式产生的背景及核心内容，讨论不同翻译形式的优缺点，提出“创育投资”的翻译形式。第二节回顾和综述创投、创业和创新的相关理论，并在第三节介绍内在的逻辑关系，论述农业创新的本质以及现代农业创新驱动的路径与思路。

本章主要观点和信息摘录如下。

（1）“风险投资”翻译形式体现了早期知识界对股权合作及创投本质认知的时代局限性，弱化了创新活动的认知判断、实践试错以及不确定性等特征，不自觉放大了创业者对创新失败的心理成本和市场投机动机，在某种程度上抑制并阻碍了股权合作在我国的发展。

（2）“创业投资”翻译形式将资本与创业联系，体现了股权合作与企业治理的关系。但是，高科技和知识型创新活动不断突破传统企业边界，创新和创业的阶段性特征变弱，“创业投资”翻译形式容易望文生义将创业片面理解为“新创立企业”（即 Start - up），割裂了创新创业生命周期中的资本结构变化，无法体现创新与投资的系统性和动态性。同时，“创业投资”翻译形式将创业简单化为创业者和投资者的互动过程，弱化了创新与创业的集体性和集群特征，没有突出体现创新创业生态环境的重要作用。

（3）“产业基金”和“引导基金”等翻译形式体现了政策性基金对创新创业市场失灵问题的纠正与完善，但容易被理解并误操作为产业政策和政府干预，弱化了股权创投的市场机制，导致现实中名不副实和不规范行为，扰乱并污化了股权合作和创投的市场秩序及生态环境。

（4）“创育投资”翻译形式凸显了股权创投的集合投资、专家管理、成长性投资、以营利为目的以及不确定性等特点，体现创业理论对创业教育实践的丰富与指导，揭示出创业以及创新能力是不断“认知、实践、试错、认知、实践”知行合一的行动过程与逻辑。

（5）芝加哥经济学派重要奠基人 Frank Knight 吸收 18 世纪法国经济学家 Richard Cantillon 观点，认为市场经济的本质在于无法预见的不确定性以及微观主体创业能力的差异，经济规律并不建立在可计算的模型和理性判断基础上，而是众多微观主体由于判断差异而进行经济活动的实验和学习过程。熊彼特（Joseph Schumpeter）严格区分就业与创业，认为具有“企业家精神”的创业者通过颠覆式创新，使经济中不断出现非均衡从而推动经济增长。

（6）新奥地利学派经济学家科兹纳（Israel Kirzner）认为创新机会客观存在，熊彼特描述的“企业家精神”是经济中特殊个体对创新机会的发现和利用。科兹纳的“机会警觉”和“机会发现”创业理论受到新奥地利学派众多学者的批判，认为将创新主体高度抽象为不需要资本、不需要面临不确定性进行决策的“纯企业家”，背离了奥地利学派“真实世界的人类行动”核心方法与逻辑。科兹纳的创业理论在我国影响广泛，但（科兹纳本人也公开承认）该理论对创新和创业没有实践指导意义，片面理解“机会发现”创业理论并指导实践容易导致创新和创业的庸俗化和超自然化两个极端。

（7）新奥地利经济学派和新制度经济学的交汇融合极大地促进了创业理论发展，认为创业是针对知识和智力等创新要素市场失灵的契约安排和组织形式，也是经济秩序的基本逻辑。

（8）创新不同于发明、科技和研究等概念，是“为了满足市场需求，由经济组织掌握、设计并投入生产，最终创造社会财富和价值的过程”。因此，市场需求、创业组织形式以及价值创造是创新的三个基本要素。

（9）创投类项目是创业的重要类型，但并非所有的创投项目都具有颠覆式创新属性；创投是创业组织形式实现创新的筛选机制、定价机制、资源整合机制和激励机制。创投、创业与创新之间内在联系并有机统一，其中创新是功能和属性，创业是组织形式，创投是机制机理和方法。

（10）由于农业活动和要素的原子性、分散性、区域性和不确定性，农业组织的经济功能常常与农村社群嵌套从而出现组织"异化"，这些导致农业创投项目的低成长性以及创新的复杂性。农业创新的本质是通过技术、营销、组织和管理等变化，不断挑战和突破传统农业的上述特性和约束，满足人们日益变化的需求。

（11）澄清并深刻理解概念及理论对于创业和创投实践具有重要的指导意义。创业与创投是对不确定和未知的认知、实践以及对于失败的自省与纠错，因此创新创业能力和企业家精神无法通过外源性教育和培训获得，只能通过创业者在创业过程中的自觉、自省与自我行动实现。创业导师和创业教育机构的思想启蒙固然重要且有帮助，但创业者必须清醒地认识到外源性创业经验和指导的片面性（甚至错误导向），创业者必须不断强化自我认知、思维与实践的一致性和连续性。因此，（在某种意义上）创业者注定是孤独的。

第一节 创投的概念：一场由翻译引起的反思与讨论

一、“风险投资”与“创业投资”的翻译之争

由于所处特定历史阶段和背景，Venture Capital（以下简称 VC）在我国早期被翻译为“风险投资”①。这种翻译形式来自对英文“Venture”的字面理解（即冒险），加之创业本身具有的不确定性和风险特性，“风险投资”翻译形式在早期被广泛使用。学术界对 VC 最早引入中国的时间尚无定论，但普遍认为成思危是较早提出该概念的学者并推动了该领域在我国的早期发展。1998 年，时任民建中央主席的成思危代表民建中央向政协提交的《关于加快我国风险投资事业的提案》（以下简称《提案》），被列为当年“两会”的“一号提案”，该提案将 VC 从星星之火快速催生和推动，时任民建中央主席的成思危因此被业界誉为“中国风险投资之父”。

“风险投资”的翻译形式体现了早期知识界对 Venture Capital 认知的时代局限性。1998 年《提案》使用“风险投资”概念，将其描述为“把资金投向蕴藏着失败危险的高技术及其产品的研究开发领域旨在促进新技术成果尽快商业化，已取得高资本收益的一种投资行为”。《提案》的背景为中央“科教兴国”战略背景以及“高技术及其产品的研

① 从字面上 Venture Capital 的翻译形式为“风险资本”，但是资本（Capital）体现商品静态属性，其本质是用于投资活动（Investment），体现商业活动的行动力以及实践性，因此 Investment 的翻译形式更好。因此在英语中 Venture Capital 和 Venture Investment 是彼此通用的概念（刘健钧，2004）。

究开发”的具体目标，由于对VC内在机理理解不够深入，《提案》在指导实践时发生了偏离（刘健钧，2004）。例如，《提案》突出强调VC的风险特性，忽视了创新和创业企业的高成长性；《提案》明确重点支持从事研发的企业，但研发仅仅是企业的业务范围，成长型企业（或者说企业的成长性）才应该是投资对象；最后，《提案》将促进新技术成果转化作为目的，这与VC（通过资本形式）引入创业管理、培育以及市场增值的本质是不相符的。

“风险投资”的翻译形式影响了商业实践、政策导向以及公众认知，在某种程度上限制了VC行业的发展。简单地将“风险投资”理解为高风险、高回报容易误导投资者形成盲目的侥幸心理，放大了市场的投机性。同时“风险投资”过于强调风险，弱化了创业活动是知识和经验的累积以及勇敢耐力的实践行动，该翻译形式一方面提高了创业者担心失败的心理成本；另一方面使人误解“只要敢于冒险就可能成功”。因此，“风险投资”不适宜的翻译形式以及公共媒体“望文生义”的解读和解释，扭曲了创业和创投市场主体的进入和退出机制，限制真正有创新潜力的创业者进入，不自觉地放大了投机动机，对整个市场体系都产生了消极影响（刘健钧，2003；2004）。此外，随着企业商业周期以及资本市场结构变化，市场会体现出无法预期的波动性（诸如20世纪90年代中后期互联网泡沫等事件），如果将这些市场波动事件不自觉地与“风险投资”进行归因，会阻碍创新并使经济增长短期内停滞甚至倒退（Gompers & Lerner，2001）。

历经数年讨论，“创业投资”取代“风险投资”翻译形式并逐渐被接受[①]。“创业投资”翻译形式较好地体现了Venture Capital的历史起源

① 虽然学界和商界对“风险投资”翻译形式提出讨论，建议使用“创业投资”，由于“风险投资”翻译形式的先入为主以及所处时代的特殊原因，该翻译形式长期出现在政府文件甚至机构命名中，从而在社会公众认识中停留了较长时间（刘健钧，2003）。时至今日，虽然“风险投资”已在专业领域被弃用，但是在其他领域仍然被应用。

以及商业实践本质。“Venture”一词最早来源于15世纪英国和西欧为了从事远洋贸易而纷纷开展的企业活动，彼时为了适应远洋贸易需要，必须以合伙方式集聚大量资金才可能快速创建远洋贸易舰队。同时，由于合伙人中只有少数负责具体出海航行及完成具体贸易活动，因此需要雇用专业人员（吉尔伯特－菲特和吉姆－里斯，1981）。因此，Venture早期就具有合伙性质、委托专业管理和风险三个股权特性，这与一般的冒险行为有着本质区别。人类社会进入机器和工业革命后，债券和股票等外源性资本逐渐成为主要融资方式，企业创立的过程放慢，企业生命周期也加长。两次世界大战后，美国经济由军工用品向民用工业转变，面对庞大的市场需求，当时不少富有的私人银行家以及工业革命完成资本积累的家族通过律师和会计师介绍及安排，以股权形式投资创建新兴企业并促使其快速成长，这一阶段的股权投资主要来自非组织化的权益性资本，具有较强的私募特点，同时投资活动较为分散。自20世纪80年代起，科技革命日新月异加速了企业的生老交替进程，“Venture”成为作为新生企业的现代语言形式，体现了科技和商业变革中的创新、成长不确定性等特点。

由“风险资本”到“创业投资”的翻译形式变化体现了知识界和实业界对于资本及投资本质的思考。“风险资本”容易望文生义产生误解，将创业投资的风险属性片面化和简单化，在一定程度上限制了新型金融形式在我国的实践和创新。“创业投资”的翻译形式将资本市场和创业联系起来，揭示了创业投资的起源以及创业投资运作的内在机理。此外，创业投资与现代企业治理紧密结合，有助于系统客观地认识信托制度、有限合伙制度、公司制度在不同阶段和特定情形的适用性，避免风险投资范式由于将风险投资的高风险性与有限合伙的“由普通合伙人承担连带责任”机制联系在一起而造成的“有限合伙迷信”（刘健钧，2003、2004）。最后，“创业”翻译形式有助于体现资本的实体化，改变风险投资范式“高风险、高收益”的抽象假定。

但“创业投资”翻译形式的合意性同样饱受争议。首先，高科技企业和新兴互联网公司不断突破传统企业边界，企业的生命周期大幅缩短，阶段性特征变弱。在这种背景下，Venture Capital 的投资主体不仅仅包括创业企业，还包括成长中企业，体现出对不同成长阶段的项目进行股权投资的变化特点，从而出现以投资企业初创期的“天使投资”和投资企业中后期的“成长基金”（Pre - IPO）和“并购基金”（Buy - out Fund）。“创业投资”翻译形式割裂了企业生命周期中资本结构的变化，无法体现资本和投资的系统性和动态性。其次，随着我国资本市场发展以及出现的新型创业组织形式（如公司内创业），创业投资主体多元化，形式也日渐多样。其中，私募基金（Private Equity Fund）和政府引导基金活跃度增强，传统创业投资的个人投资者逐渐机构化和专业化，同时体现出较强的产业性和战略性（企业战略、国家战略或政府战略等），“创业投资”翻译形式弱化了创业企业的产业特性，割裂了资本市场对产品（或服务）市场的关系。最后，创业过程不仅仅是创业者和投资者各自对风险和机会的判断，同时也体现了创业者群体、投资者群体以及相关服务的共生关系和竞争关系，“创业投资”翻译形式容易将创业简单化为创业者和投资者之间的关系，弱化了产业链其他相关主体和创业生态的作用。

“创业投资”翻译形式源于对“Venture Capital”的内在机理缺乏认知，也源于“Venture”一词的非学术性。国内学者将英文“Entrepreneur”翻译为“创业”，但该词在经济学中的内涵远远超出该翻译形式。“Entrepreneur”一词来源于法语，法国经济学家 Richard Cantillon（1680 ~ 1734）在 1755 年出版的《商业活动的本质》书中将市场经济中的主体分为三类人：地主、企业家（Entrepreneur）和雇员。其中，企业家“从事市场交换、承担风险以获取商业利润”[①]。但是，Cantillon

① 关于 Cantillon 对创业理论和企业家理论的贡献，详见 Hebert（1985）。

所指的企业家有别于从事低买高卖的套利投机者，而是对商业风险进行审视判断，从而将企业家的职能或作用从提供资本拓展到对于未知世界的探索和行动。Cantillon 的思想在过去的几个世纪影响了数代经济学家，成为古典经济学和奥地利经济学的重要思想启蒙，将“Entrepreneur”从一个静态概念或职业身份拓展和深入到经济学本体研究，包括均衡、利润、不确定性、认知和行为等（Hebert，1985）。可能由于“Entrepreneur”被经济学家赋予太多内涵，使商业实践中人们使用另一个近义词“Venture”替代；同时“Venture”体现了动态的“创业过程”，更符合现代企业管理中企业的生命周期和所有权变化（例如合并、并购、上市等），甚至被某些著名的学术期刊作为名称，例如国际出版业巨头 Elsevier 旗下运营的《商业企业杂志》（*Journal of Business Venturing*）。“Venture”和“Entrepreneur”在经济学和管理学中经常被不加区分地使用，某些学者通过语言分析哲学对此进行过深入讨论（刘健钧，2003），本书不再赘述。然而，笔者坚持认为，虽然历史演变和学派争辩使“Entrepreneur”的内涵变得复杂和交错，但“Entrepreneur”更好地体现了资本和企业家的历史辩证关系（尤其是古典新古典经济学与奥地利经济学在此产生的分歧），同时体现当代经济学的前沿和进展（诸如产权理论、不完全契约、公司治理、交易成本和股权设计等），“Entrepreneurial Capital”比“Venture Capital”更适合作为“创业投资”对应的英文概念。

二、“产业（引导）基金”

“产业基金”概念起源于20世纪80年代末90年代初，是当时海外注册的投资机构希望与内地有关机构合作设立在境外注册并面向中国的创业投资基金。由于国内正值产业政策大背景，参考和借鉴新兴国家扶持重点领域企业的国际竞争力，而“创业投资”基金容易让人联想到“中小企业”——尤其彼时民营经济、民间、私募或私人资本等属于敏感性话题。于是结合当时国内经济和政策环境，1995 年中国人民银行发布了《设立境外中国产业投资基金管理办法》，作为境外设立对华创业投资的规章和制度。虽然该文件出台后若干年内没有设立一家真正意义上的“境外中国产业投资基金”，但该概念被广泛使用，沿用至今。

学术界对于“产业基金”概念的合意性存有争议。有观点认为，产业基金既包含了以产品（或服务）作为经营对象的产业投资，也包括以创业企业作为经营对象、以获取资本增值收益为目的的创业投资，能够体现项目企业与产业上下游的相关性以及群体性（姜世戟，2007；杨玲，2007）。但较为严谨的学术分析认为，股权投资的对象是资本，不参与投资对象具体经营。“产业基金”翻译形式容易让人联想“产业投资”，导致职能越位（从资本经营到产品服务运营），弱化股权基金的制度优势，因此“产业基金”是对 Venture Capital 的异化翻译（刘健钧，2004）。近年来，在国家深化改革投融资体制改革以及“大众创业、万众创新”的背景下，各地出现大量以“产业基金”冠名的政策性基金，使股权投资市场结构变得更加多元化和复杂。

“产业基金”翻译形式体现了彼时政府作为资源配置主体的制度供给思路。刘健钧（2004）在《创业投资制度创新论：对“风险投资”范式的检讨》一书中对“产业基金”翻译形式引致的误解及其影响进行了较为全面和系统的介绍和论述（第 37 ~ 42 页）。主要观点如下：第一，模糊了市场主体，弱化了投资活动的商业性，容易让人误解为政策性。“创业投资”主体是创业者个体，而“产业”概念涉及特定行业的企业整体或企业群，同时更多被赋予或被理解为政策性概念或目标。第二，误导投资性质和投资活动。“产业基金”经营对象是资本，而不是具体产品或服务。具体从事产品或服务的是实业企业及其投资控股公司，而不是“产业基金”。“产业基金”的本质是股权投资，不参与投资对象具体经营，而是通过机制设计委托专业人员进行项目遴选、管理和增值服务。“产业基金”翻译形式容易让人联想“产业投资”，导致职能越位（从资本经营到产品服务运营），弱化股权基金的制度优势。第三，不自然地误解为特定产业的创业投资。“Venture Capital”本质是投资活动，通常投资于多个行业用以分散风险，“产业基金”让人误解为针对某个特定行业或领域的投资，不符合股权创投的本质。

在国家深化改革投融资体制改革的背景下，近些年各种以“产业基金”冠名的政策性基金如雨后春笋般出现，使股权投资市场结构变得更加多元化和复杂。政策性基金（Policy - directed Fund）在理论上是股权投资的半公共品，用于弥补市场机制的缺陷，发挥国有资金的杠杆放大作用，引导更多社会资本进行创业投资国家重点战略领域，推动创业和创新。广义的政策性基金支持方式有风险补偿、融资担保以及权益投资等，形式上可以是法人制，也可以是非法人，例如美国的 SBIC 计划。狭义的政策性基金专指以权益性投资方式支持投资早期创业企业的股权基金，也称为“创业引导基金”。“创业引导基金”不同于传统的无偿拨款方式，坚持有偿使用和非营利性原则，这有助于强化政策性基金投资对象的财务约束机制以及自身的绩效考核（谭祖卫，2015a）。

从概念源头看，“产业基金”是股权投资形式的政策性基金（Policy - directed Fund 或者 Government - sponsored Fund），“引导基金”本质是 Venture Capital 的母基金（Fund of Funds）类型，具有半公共品属性。产业基金和引导基金源于市场失灵和股权投资的正外部性。（创业）股权投资者收集和筛选项目信息，对处在种子期和初创期的创业者进行培训和指导。其他投资者从创投机构活动中免费获取公共信息（即便失败的投资教训都可能成为其他投资者和创业者成功的重要学习材料），而早期投资者无法从中得到补偿（或者将部分信息作为私有产权保护），从而出现经济中对早期创新创业者的投资不足等问题。产业基金针对股权创投的正外部性，扶持和支持项目早期投资机构（例如天使投资人）及行业信息收集发布，提供行业内公共产品。此外，颠覆式创新项目早期具有较大的不确定性和较高的失败率，但后期可以在全社会范围内形成“链式”创新，产业或创业引导基金有助于弥补市场机制的缺陷，发挥财政资金的杠杆放大作用，引导更多社会资本进入早期创业投资国家重点战略领域，推动创新创业。

近些年，为了转变计划经济时代的科技性企业支持方式，我国试点摸索产业基金及其引导模式并积累经验教训。随着市场经济的不断发展，我国政府在支持科技型企业的方式上逐渐由计划经济时期的直接拨款和拨改贷发展为目前的直接投资和引导投资方式。例如，2002 年，中关村管委会出资设立我国第一只政策性引导基金“中关村创业投资引导基金”；2008 年 8 月，发改委出台《关于创业投资引导基金规范设立与运作的指导意见》，明确了政府引导基金的地位和作用，同时试图规范创业引导基金的若干问题。在此之后，全国各级地方政府纷纷设立相应的引导基金。2009 年，国家发改委和财政部启动“国家新兴产业创投计划”，并于 2011 年 8 月（发改委）制定了《新兴产业创投计划参股创业投资基金管理暂行办法》，明确了国家的重点战略领域，对产业基金投资范围及其引导方式进行了规划。截至 2013 年底，各省、自治区、直辖市以及计划单列市在全国范围内已经设立 200 余只创业投资基金，参股设立了 141 只新兴产业创业投资基金，资金总规模达到 390 亿元，吸纳社会资本约 250 亿元（徐欣，2011；李建良，2015b）。

为了优化创业投资政策环境，加强创新和创业服务的制度供给，产业和创业引导基金已成为重要的政策手段和工具。国务院根据对中央财政管理改革的要求，布局设立了“国家科技成果转化引导基金”、“国家中小企业发展基金”和“国家新兴产业创业投资引导基金”，旨在强化引导社会资本投资创新创业的实力。目前“国家科技成果转化引导基金”已经批准设立九家创业子基金，规模达 137 亿元；其中，政府出资 38 亿元，财政资金放大比例为 1∶4.7（万钢，2017）。“国家新兴产业创业投资引导基金”确定了三家管理公司，总规模超过 760 亿元。2017 年 5 月 17 日中央企业“国创投资引导基金”在北京成立，计划基金规模1500亿元，为创业投资机构和市场注入了新动能。

目前，全国各地以“产业基金”和“引导基金”冠名的政策性基金形式多种多样，一方面体现了地方探索制度创新，努力转变政府职能并发挥市场配置资源的基础性作用；另一方面也出现诸多不规范行为，背离了政策初衷并扰乱了创投市场秩序，李代桃僵，使政府的合理干预受到了不公正的指责和批评。随着全国各地产业引导基金的快速增长，在实践中表现出若干问题，弱化了股权投资的创新驱动力（楼麟，2012；谭祖卫，2015a）。首先，当前产业基金行政干预严重，决策效率低下，没有发挥市场机制，有名无实。其次，社会资本参与度较低，多层代理，杠杆作用不明显。引导基金未能与社会资本在母基金层面形成联合投资，对引导基金的依赖性过大。同时，由于社会资本比例不高，投后监督和增值目标与持股比例不对称。最后，引导基金为了保值增值，防止国有资产流失，管理目标和手段保守；受托的国有基金管理机构由于体制原因缺少人员激励机制，品牌基金管理机构的专业优势难以发挥。

三、“创育投资”新概念

综上所述，“风险投资”、“创业投资”以及“产业（引导）基金”等翻译形式都无法真实全面地反映“Venture Capital”的概念与内涵。通过参考核心文献（Gompers & Lerner，2001，第146页；Metrick & Yasuda，2010，第3~6页）并结合VC在中国的实践，本书提出“创育投资”作为“Venture Capital”的翻译形式，并将其定义为“若干出资人以股权资本投入，独立专业运营，投资育成高增长企业并通过退出实现盈利的商业活动”。该定义体现如下内涵：第一，系权益性资本形式的股权投资，出资人（“有限合伙人”；Limited Partner，LP）不介入经营管理，委托基金管理人（“一般合伙人”；General Partner，GP）执行投资决策，充分发挥GP在特定行业和领域的知识和资源优势。第二，包括若干出资人，形成联合投资。出资人包括个人、投资基金、金融组织以及政府部门，体现不同资源要素的利益联结与联合（Resource－based Alliance and Network）。第三，投资对象为高增长企业（High Growth or High Impact Entrepreneurs）的成长性，以营利为目的，投资对象资本增值后退出；投资对象短期内实现快速增长，具有创新元素，同时具有一定商业风险。第四，出资人和基金管理机构除了进行投资，还提供指导、培育以及价值增值服务。

“创育投资”与“创业投资”虽一字之差，但在内涵上有本质区别。首先，体现并突出强调“育”。“创业投资”表述形式没有体现股权投资中出资人和基金管理人向投资对象和创业者提供的指导和价值增值服务，容易与一般权益性投资（例如股票）混淆。其次，“创业投资”错误指向投资对象的成长阶段。传统观念中创投的对象主要为成长期企业，但在我国创投资本和实践包括种子期“天使投资”（Angel Investment）、初创期的创业投资、成长期的成长基金（Pre－IPO）以及成熟期的并购基金（Buy－out Fund）。因此，我国创投资本涉及企业生长各个阶段且相互之间连接。

“创育投资”是对“创业投资”和“产业基金”等概念的“扬弃”。“创育投资”体现了政府和民间资本以股权形式进行合作的创新模式，区别于传统的公私合营（Public－private－partnership，PPP）。政府通过引导基金弥补市场机制的缺陷，发挥国有资金的杠杆放大作用，引导更多社会资本进入早期创业投资国家重点战略领域，推动创新创业。此外，政府通过创育投资，积极参与并促进创业者能力和企业家精神建设，引导企业家和创业者强化社会使命，重塑社会价值观。

“创育投资”概念体现了各种学派关于创业理论的融合，将创业教育纳入框架，丰富了创业投资的内涵。首先，创业教育与正规教育。1979 年诺贝尔经济学奖得主 T. W. Schultz（1902～1998）在新古典经济学框架下深入研究了创业理论，认为创业能力和企业家精神（Entrepreneurship）是经济实现均衡的稀缺要素，而这种要素资源分配不均衡，无法通过市场机制实现，必须通过教育等手段来提供。Schultz 批判了 Schumpeter 的“颠覆创新和失衡理论”（Destructive Innovation and Disequilibria），认为随着教育科研公共投入增加，Schumpeter 所描述的“颠覆创新”能力本质上是一种稀缺的经济资源，完全可以由正规教育提供①。其次，创业教育与市场教育。奥地利经济学派（及其分支）与古典新古典经济学派有着本质区别，认为经济均衡是虚幻的，市场经济的本质是人在真实世界中的有限理性行动，而创业以及创新能力是不断“实践—试错—学习—实践”的“知行合一”的行动过程（Barney，1986；Salerno，2008b）。因此，创业的本质是自觉、自省和自我行动过程，传统教育无法提供相应的知识和培训（因为这不符合创新和创业的逻辑），必须由创业者和企业家从市场中进行学习和自我教育，市场才是创业和创新者最好的“老师”，体现竞争和进化过程。最后，创业教育与行业创投教育。股权创投激励出资人和基金管理人向创业者提供指导、对接资源等增值服务（Keuschnigg & Nielsen，2004）。由于投资者或基金管理人具有丰富的社会资源和行业信息，从而成为创业者的天然“导师”，而这些是正规教育无法提供的。

四、本节结语

语言分析哲学揭示人类认知矛盾和不一致主要源于概念，而概念歧义并非完全由逻辑推理造成，而是由于人们对语言符号的错误认知造成的②。语言符号本身没有实际含义，它的本质是实践和语境。“Venture

① 深入了解经济学家之间的观点之争往往需要阅读各派观点的历史沿革及其变化。事实上 Schumpeter 在 1950 年出版的 *Capitalism, Socialism and Democracy* 一书中就明确指出了教育科研机构的官僚性弱化了其创新精神的主体地位。而 Schultz 在 30 年后通过人力资本理论批判 Schumpeter 的创新理论时并没有回应 Schumpeter 的观点。

② 详见维特根斯坦的语言分析哲学和认知论（江怡，2002）。

Capital”和“Entrepreneur”两个概念在不同文化和语言中既有共性，也有语境和实践带来的偏差（刘健钧，2003）。因此，翻译人文社科的学术概念时既要抓住共性，同时也要理解这个概念在本文化和语言体系下的实践，在两者间寻求平衡。粗暴直译（正如“风险资本”翻译形式）和过于贴近显示语境或约定俗称（正如产业扶持政策背景下的“产业基金”翻译形式）都容易产生概念分歧从而影响思想交流和学科建设，甚至影响社会进步（正如“风险资本”让人趋于投机抑或消极；“私募基金”由于意识形态和社会敏感性被人误解）。“Venture Capital”的中文表述不仅仅是翻译和修辞，而应体现概念体系和理论框架。

本章节梳理了风险投资、创业投资以及产业基金等概念，提出并建议使用“创育投资”作为“Venture Capital”的中文翻译形式。该概念一方面反映了“Venture Capital”制度创新的本质以及内在机理，另一方面体现出我国的政商实践和语言文化环境。创育投资突出强调“育”，体现了资本市场对于创新和创业的决定性作用，客观描述了政府的作用以及干预方式，对于指导我国当前“双创”、治理改善私募基金市场以及形成正确的投资和创新伦理文化具有一定的学术价值及政策价值。

第二节 理论回顾与综述

一、创新与创业理论

（一）早期思想

关于创新与创业的经济学分析可追溯到早期思想家对于资本和创业的讨论。18 世纪法国经济学家 Richard Cantillon（1680～1734）将创业概念正式引入经济学领域，他在《商业性质概论》一书中将创业者区别于其他市场参与者，认为创业者面临诸多风险，而创业者收入的本质是对风险投入和付出的经济补偿。后期法国学者 Nicholas Baudeau（1730～1792）丰富了 Cantillon 的创业理论，将知识与能力纳入分析，认为建立在知识判断基础上的商业冒险行为才能构成创新，从而正式架构了“组织—创新—创业”的理论框架，也成为后期人力资本理论的重要奠基理论。但是，早期思想把创新仅仅看作一项经济活动，没有将其作为职业，从而与创业理论的关系是割裂的（Hebert & Link，2006）。直到亚当·斯密（Smith，1976）在《道德情操论》一书中将创新作为劳动分工的产物，认为科学家和发明家是特有职业，创新不是他们工作的特点，而是其本质。

关于创业与创新的早期讨论成为近代经济学在相关领域的重要思想启蒙。芝加哥学派的重要奠基者 Frank Knight 深入拓展了 Cantillon 的思想，将可预见的风险（Risk）和无法预见的不确定性（Uncertainty）进行区分。Knight 的突出贡献在于其将经济利润与不确定性纳入分析，认为市场经济的本质在于无法预见的不确定性以及微观主体创业能力的差异，而经济规律并不建立在可计算模型和理性判断基础上，而是众多微观主体由于判断差异而进行经济活动的实验和学习过程（Knight，1951），因此创业是一种重要的经济组织形式（Knight，1921）。Knight对创业理论的另一个贡献在于清晰地划分了创业者和管理者。创业者之所以具备企业家精神在于对不确定性的准确判断以及相应承担，而管理者不一定全部具备这些特性。这为现代公司治理以及股权投资理论奠定了基础。

奥地利经济学家熊彼特（Joseph Schumpeter）对创新和创业的现代经济学理论做出重大贡献，但其理论框架常被人忽视和误解。Schumpeter（1883～1950）认为市场经济规律并不像传统经济理论预测的那样自发实现均衡，而创业才是实现均衡的微观机制。Schumpeter对创新形式（新产品、新方法、新市场、新要素和新组织形式）的描述影响广泛，但同时模糊了他对于创业理论的贡献和讨论。Schumpeter创业理论的核心在于创业者创新能力“人格化”，即“企业家精神”。他认为，创业不是创业者个体参与某项活动或使用某要素的冒险行为，而是对市场活动的整体认知以及对所有要素的综合使用。创业者本人虽然不具备所有资源和要素的信息优势，但掌握资源和要素重新优化和组合的新方法或新技能。Schumpeter的这个观点成为现代经济组织制度和创新相关理论的重要基础。与此同时，Schumpeter从导师Bohm－Bawerk（1851～1914）那里继承了奥地利学派奠基人Carl Menger（1940～1921）关于“人类价值的主观行动”（Subjectivist Act of Human Valuation），认为创新并不完全取决于智力（Intellect）、行动意志力（Act of Will）的作用更加重要，两者实现统一的形式是创业，因此创新是创业的功能实现，除了创业其他形式都无法实现创新（Schumpeter，1934）。

虽然Schumpeter的创新创业理论没有被主流经济学派接受，但丰富了历史学、管理学和社会学相关领域的发展，继而对经济学产生反向影响。例如，世界经济历史协会的发起人Gay（1924）认为创业是经济发展过程中重要的非均衡元素，而不同社会中自由竞争的起点和环境各异，从而造成各国经济发展水平不同。创业是实现 Schumpeter“颠覆性创新”（Disruptive Innovation）的组织形式和机制，促进经济发展，实现新的经济均衡。

（二）Kirzner 创业理论和新奥地利批判

新奥地利学派代表人米塞斯（Ludwig von Mises，1881～1972）与熊彼特都师从庞巴维克（Bohm－Bawerk），但 Mises 批评 Schumpeter 将创新的实现机制（即创业者的企业家精神）超自然化。Mises 认为，市场经济中每个人都是潜在创业者，每个人都有机会践行和实现创新，经济主体通过参与市场经济活动不断试错和学习，创新和创业从而成为经济均衡的重要机制和过程，而不是以均衡为目标或结果（Von Mises，1949；1951）。

Israel Kirzner 是继米塞斯与哈耶克之后新奥地利学派经济学的杰出代表人物之一，他在创业经济理论以及市场的“竞争性过程”等方面的学术贡献备受瞩目。Israel Kirzner 是 Von Mises 的学生，他对导师的创新理论进行了自己的解读和丰富，认为创新的机会客观存在，不以人的主观意志为转移。但是，市场经济中不同人对机会的“警觉”（A-lert）与利用（Exploit）的能力各异，从而出现了创业者这个特殊群体。Kirzner 把市场理解为一个由企业家所驱动的竞争性、相互协调的过程，而非新古典经济学关注的最终状态。Kirzner 认为，企业家活动的起点是非均衡状态，警觉的企业家通过发现之前未被发现的利润机会，从而使非均衡市场趋于均衡。这不同于熊彼特型企业家——通过破坏性创新而突破一般均衡，达到不均衡的状态。这是 Kirzner 与 Schumpeter 的本质区别（Kirzner，1999；2009）。奥地利学派理解并阐述市场经济的重要贡献，并认为其“机会发现”视角开创了新的创业经济学理论[①]，但Kirzner的创业理论受到众多新奥地利学派学者的批判（Hazlitt，1974；Hébert，1985；Rothbard，1974；1985），这种讨论进一步丰富和繁荣了该领域的发展。例如，Von Mises的另一个学生罗斯巴德指出Kirzner型企业家是不需要资本的、高度抽象的“纯企业家”，而新奥地利学派经济学强调关注真实世界的现象和人类的真实行动，不是抽象的想象，而Kirzner的创业理论明显偏离了“因果现实”（Causal - realist）的奥地利学派核心思想（Rothbard，1985）。此外，Mises强调企业家不是人格化的个体，而是资本所有者和资源配置者的集合组织，他关注市场作为一个选择机制——奖励成功的企业家，淘汰亏损的企业家，并不着重强调市场的协调功能或它能否趋向于一般均衡[②]。换言之，Mises关注的是有血有肉的企业家，即在不确定性环境下，通过自己的判断利用拥有的资源获取利润（结果也可能亏损），这样的企业家才是市场真正的驱动力，而非抽象的利润机会的发现者。Hazlitt（1974）和Rothbard（1985）指出，没有资源所有权的企业活动管理者，本质上是经理人而非企业家；没有资本、仅依赖于想法和警觉的企业家是非奥地利学派的、新古典意义上的企业家，偏离了奥地利学派关于企业家和资本家合为一体的传统。因此，他们认为Kirzner本质上处在奥地利学派和新古

① 根据学术谷歌统计，《竞争与企业家精神》的引用率为6500多次，与哈耶克的《通往奴役之路》接近。科兹纳为创业研究提供了理论基础，发展出基于“机会发现”（或机会识别）视角的研究体系——创业包括发现机会、机会的评估和利用，捕获机会带来的经济价值。具体而言，创业研究关注“为什么和什么时候创业机会存在，这些机会怎么存在；机会的来源和表现形式；机会的发现和评估过程；资源获取和利用机会的过程；机会利用的行为；为什么、什么时候和什么样的人能够发现、评价，并收集资源利用机会，而其他人未能做到；寻求机会使用的战略；利用机会的组织能力等”（Shane，2003）。

② 科兹纳对市场过程的理解，与米塞斯也有显著的不同，这一点被很多奥地利学派学者所忽视。米塞斯理解的市场过程是指：企业家的活动驱使市场趋向于他评估（appraisement）的状况以获取利润（企业家竞价的结果导致企业间的利润率趋于一致），而非科兹纳所说的趋向于不存在的、想象的均衡价格。因为，没有企业家愿意朝着均衡价格（对于他们来说利润为零的状况）而努力。

典的边缘，而不是奥地利学派的集大成者。

Kirzner 本人对各方批判也做出回应，其观点和学说也发生了变化。例如，Kirzner 早期关于创业者对创新和机会警觉也涉及不确定性，但只是针对已发生现象，而且将其理解为经济个体“自觉行为”，这种不确定性有别于 Knight 着眼于未来事件的不确定性（High，1982）。因此，Kirzner 的局部知识只与现存的事实相关，而与未来没有预期到的、真正导致不确定性的事件无关。Kirzner（1982）后期对创业者的机会警觉重新做了界定，指出警觉指的是“一个人构想未来的内心倾向”，而机会警觉缩短了构想的未来和实现的未来之间差距，从而降低了不确定性。虽然 Kirzner 对于机会警觉的修正引入关于未来的不确定性，但这种高度抽象的心理感知缺乏决策和行动（Decision – making and Action），与奥地利和新奥地利学派关于“基于判断和行动”的经济理论是不相容的。Rothbard（1985）尖锐地指出 Kirzner 所指的创业活动过于泛化和庸俗化，把创新型创业行为与倒买倒卖的套利创业（Arbitrage）混为一谈，从而弱化了创新、创业以及经济增长的纽带和关系。Kirzner 之后承认人类有限理性以及不确定性对作为创新和创业的重要理论基础，但他争辩认为即便是倒买倒卖的套利活动也充满了不确定性，同样也是市场教训和市场学习的形式和内容，同样具有创新性。在与诺贝尔经济学奖获得者 Schultz 的辩论中，Kirzner 认为创新和创业是某些人具备特质（Human Characteristics），Schultz 则认为创新和创业是服务，像商品一样可以买卖，同时可以通过教育等外部政策进行干预；Schultz 认为 Kirzner 关于创新和创业的观点延续了 Schumpeter 对创新创业的人格化和超自然化，其理论体系是有缺陷的。

对 Kirzner 创业理论的批判性审视具有较强的实践指导和政策含义。创业者和企业家的机会警觉和机会发现在 Kirzner 的分析框架中近似“比喻”（Metaphor）或抽象，导致个别国内学者将机会发现或警觉等同于企业家精神的片面理解（刘业进和朱海就，2012），未能全面理解

Kirzner“企业家 + 市场过程”的完整理论框架（Klein & Bylund, 2014），同时也忽略了 Kirzner 的创业理论并不具有直接的应用价值（及其局限性）。同时，Kirzner 的研究目的是理解市场过程的本质，Kirzner 型企业家是不需要资本、高度抽象的“纯企业家”；机会发现和警觉仅仅是企业家的想象架构，目的是分析利润或损失的来源，并非真实存在的具体事物（Salerno，2008a）。总之，Kirzner 的创业经济理论有别于传统奥地利学派，他意在批评新古典经济学，但又深受其影响。换言之，Kirzner 与 Schumpeter 相似，都把创业和创新当作理论构建本身的需要，而不是来自现实，从而也无法指导实践（Rothbard，1987）。

（三）新制度经济学

创新和创业理论在现代公司理论的发展中得到了极大丰富。科斯（Ronald Coase，1910 ~ 2013）在 1937 年出版的 *The Nature of the Firm* 书中提出企业的作用并不是传统经济学分析中的资源分配，而是由于市场不完善的一种价格发现机制。当一个企业发现产品生产需要购买的投入品无法通过市场购买实现（或有较高的交易成本）时，企业会自己生产该投入品。因此，企业家的作用为在市场成本和企业内部管理成本之间进行选择和平衡。Coase 关于企业本质的讨论也得到来自管理学领域的支持和回应（Penrose，1959）。但 Coase 对于公司理论的抽象侧重在经济活动内容上，而没有体现经济行为的决策过程。

Knight（1921）认为，虽然企业家可以通过信息收集和数据分析进行判断和优化，但市场经济中的经济行为总是面临无法计算的不确定性，而对于这种不确定性的判断以及决策（Discretionary Decisions）才是企业家的职能，公司的本质是对做出相关判断和决策能力的识别机制（Intellect，Judgement and Venturesomeness）。因此，Knight 认为创业的本质是企业家对不确定性的判断（Judgement），而 Coase 的创业理论基于利润的边际分析，仍然在新古典框架下。此外，Coase 认为市场是既定的，而 Knight 则思考市场是如何产生的，甚至大胆假设认为创业的作用和功能就是发现和创造市场，创业的本质是将不确定性通过契约形式转出。新奥地利学派认为 Coase 的理论只能解释企业的大小而并没有回答企业的本质，Knight 的分析更贴近创业和企业家精神本质（Hebert & Link，2006）。

Coase 和 Knight 关于企业和创业本质的讨论推动了新制度经济学、组织经济学和现代企业管理学的发展。在现代企业管理中，公司的所有权和控制权发生分离，企业内部可以通过机制设计雇用具有判断能力的人并对其进行有效的激励和约束，公司的本质是机制设计而不是人的决策和行为（Stauss，1944），从而将分析视角从"企业的边界"拓展到企业和创业组织内部，推动了组织经济学和公司治理理论的发展（Gibbons & Roberts，2012）。

Foss 和 Klein（2012）继续丰富了新奥地利经济学派的创业理论，试图将其与新制度经济学进行弥合与统一。Foss 和 Klein 沿袭了 Knight 对利润和不确定性的分析以及奥地利学派的资本理论，认为不确定性条件下企业家的判断的确是企业家最重要的功能。同时他们着眼于企业的本质、企业的边界和企业的内部组织，把企业家精神（即 Knight 的企业家判断）融入企业的经济学和管理学分析框架，发展了一套独具特色的"企业家的企业理论"。而传统的企业理论将企业家判断和企业家精神抽象化和外生化，研究企业的组织架构、创业投资以及相关契约安排等。

Foss 和 Klein 纠正了传统创业理论的"初创偏见"和"个体偏见"。他们认为尽管初创企业推动创新和经济增长，但创业理论不完全等同于初创企业理论，而应该将成长中企业以及企业成长的各个阶段都纳入分析框架并采用相同逻辑进行分析。无论是初创企业还是成长企业都可以彰显"企业家精神"，都需要企业家在不确定条件下做出各种判断和决策。此外，传统创业理论（如 Kirzner 的"机会发现"理论）过度强调创业者个人特征的作用，忽略了创业团队以及创业生态的作用，将创业与环境相割裂，从而弱化了创业理论对实践的指导作用。

以 Foss 和 Klein 为代表的新奥地利学派试图在企业家精神理论和创业理论之间建立桥梁并促使二者进行融合，把创新的不确定性本质纳入分析框架，试图突破新古典范式，认为即便存在不完全契约，企业作为组织形式也可以实现对创新的定价和交易。与此同时，企业的规模受企业内部交易的（中间）产品需要外部市场提供价格信号的限制。也就是说，没有企业可以大到成为中间产品唯一的生产者和使用者；当不存在基于市场的转移价格时，企业将无法计算部门的利润和损失，因此无法在部门间合理配置资源。因此，企业家在企业组织内授予经理人或者员工一定的自由裁量权后，授权的边际成本和收益之间的权衡决定了企业内部的组织结构。Foss 和 Klein 把创新要素和企业家精神不再局限于初创企业，而是应用于企业发展的各个阶段，这与股权创投突破企业生命周期的商业实践高度统一，从而间接验证并支持了创投理论。

澄清并深刻理解创业的概念及理论对于创业和创投实践具有重要的指导意义。创业与创投都是对不确定和未知的认知、实践以及对于失败的自省与纠错，因此创业能力无法通过外源性方式教育和培训获得，只能通过创业者的自觉、自省与自我行动。创业导师和创业教育机构的思想启蒙固然重要且有帮助，但创业者必须清醒地认识到外源性创业经验和指导的片面性（甚至错误导向）。创业者必须不断强化自我认知、思维与实践的一致性，在某种意义上，创业者注定是孤独者。

二、股权创投与不完全信息和契约理论

股权创投是出资人（Investors）与创业者（Entrepreneur）信息不对称情况下解决激励与约束问题的制度创新。由于信息不对称而产生的逆向选择和道德风险问题不仅仅存在于投资者和基金管理人之间，同时也发生在基金管理人与项目投资对象之间（Greenwald et al.，1984；Jensen & Meckling，1976）。在这种情形下，产权安排和激励机制取决于出

资人对管理人和投资对象行为可否准确观察并做出正确判断（Grossman & Hart，1986）。但是，由于交易的复杂性以及不确定性，加上初创企业缺乏可供决策的前期参考信息，因此债权融资困难，信贷配给问题严重（Stiglitz & Weiss，1981）。

由于信息不对称，投资者和基金管理者之间容易出现激励和约束问题。投资者委托基金管理人（代理人）凭借其专业能力管理资金，但管理人有可能利用各种信息优势采取利己行为，损害缺乏信息优势的投资者利益，从而导致委托代理问题（Jensen & Meckling，1976）。投资者在选取管理人时，综合考虑管理人管理费提取比例、激励约束方案以及管理人的道德水平等各方面因素；但当管理人市场不完善时，这些信息并不完备，一些能力低风险高的管理人会自降报酬，将真正专业能力强的管理人挤出，从而出现逆向选择。与此同时，由于创投机构的投资人不参与管理，管理人可能利用实际控制权规避投资者的监督，损害投资者利益，从而引发道德风险问题。

股权创投活动中，管理人与创业者（项目投资对象）之间存在由于信息不对称产生的逆向选择问题。股权基金模式下，出资人和管理人无法获悉创业项目和创业者的具体经营能力、市场价值以及运营风险，从而必须在数量众多的项目中进行筛选。这种情形下，如果创投项目提供虚假（或隐藏重要）信息，夸大企业的投资前景，会将真正有投资价值的企业排除在外。创业者同样面临类似的信息问题。在投资签约前，创业者对创投机构的投资意图、实力以及投后增值服务能力（包括政府资源优势、人力资源优势、市场开拓优势以及资本市场运作）等方面信息掌握的非常有限，有的投资人为了竞争有成长潜力的优势创投项目夸大其实力，从而将真正契合有价值的创投机构排除在外。

股权创投活动中，管理人与创业者（项目投资对象）之间存在由于信息不对称产生的道德风险问题。投资对象一旦获得投资及资金使用权后，创投机构便很难监督投资对象的行为，也无法判断投资对象的日常经营是否最优，是否会损害投资者利益。在这种情况下，投资对象可能会做出不利于或不符合投资者利益或目标的行为。由于信息不对称引起的道德风险同样对创业者产生影响并带来损失；签约投资后，投资者承诺的增值服务和付出与项目的客观需求不匹配，抑或投资人通过价格调整机制（又称“对赌条款”）对投资项目加大控制，从而损害创业者的利益等。

针对以上问题，股权创投在机制设计进行了一系列创新和改良。首先，股权创投通过专业的尽职调查（Due Diligence）和项目筛选（Screening Mechanisms），努力实现信息完全和科学决策（Chan，1983；Kaplan & Stromberg，2001）。其次，创投通过复杂的合同条款以及相应的股权激励和约束机制设计，将内部控制权合理分配在投资人、基金管理人以及投资对象（创业者）之间，同时强化创投机构对投资对象的咨询建议以及增值服务，对管理人和创业者的“判断”（即企业家精神）充分赋权并进行股权激励（Hellmann，1998；Kaplan & Stromberg，2001）。再次，股权基金设立了退出机制，投资人不是以战略控制为目的，而是以投资项目溢价升值为目的，这在一定程度上降低了投资人与投资对象之间由于控制意图而产生的交易成本，从而改善治理结构（Berglöf，1994）。又次，创投并不一次性投资完毕，而是通过“渐入式投资”（Staged Finance），逐步增加对投资对象和项目经营状况的了解，一方面缓解了信息不对称产生的道德风险和逆向选择，另一方面成为一种有效的激励和约束机制，促使投资人和投资对象都执行合同约定，履行相应的义务（Bergemann & Hege，1998；Gompers，1995；Sahlman，1990）。最后，创投机构之间进行合作与联合（Network and Syndication），有助于短期内扩大投融资数额，同时引入他人的智力判断，从而多元化知识和价值判断并实现价值增值，这对于颠覆式创新非常重要（Hochberg et al.，2007；Lerner，1994；Mäkelä & Maula，2005）。创投机构间的联合有助于将部分投资和投资者信息的公共物品化，逐渐形成行业内的信用体系，从而降低由于不完全信息带来的交易成本和契约问题（Admati & Pfleiderer，1994）。

三、股权创投与企业生命周期理论

Adizes（1990）系统论述了企业生命周期及其理论，企业被看作一个动态生命体，各成长阶段呈现不同特点和管理策略，从而体现出企业和行业发展的一般规律。任何经济组织和行业生命周期分为成长阶段（孕育期、婴儿期、学步期、青春期、盛年期、稳定期）和老化阶段（贵族期、官僚期和死亡期），经济组织和行业在存续期内可通过改变组织结构和管理方式延续和干扰生命周期。

股权创投根据经济组织发展的阶段性融资需求和需要的特定资源，投资于企业的成长性，在企业进入老化阶段前退出（见表 1－1）。种子期是企业生命周期的前期准备阶段，此时企业并不是真正意义上的经济实体或组织，但具备了经营产品、服务和相应商业模式的构思。这一阶段创投资本主要以天使投资形式为主，帮助创业者明晰筹划创业战略、组建管理团队、优化股权设计以及指导商业计划书等。初创期的企业已经完成了产品研发和市场分析，但尚未进行商业化验证和市场试点。这一阶段，创投资本仍然以天使投资为主，帮助创业者及其团队对接技术和市场资源，以及产品测试后的商业化及其优化。处于种子期和初创期阶段的中小企业市场竞争力弱，同时面临诸多不确定性，失败率较高，因此也被称为创新企业的“死亡谷”（Valley of Death）；这一阶段的投资风险很高，顾名思义被称为“天使投资”。传统意义上创投主要针对成长期（也称为扩张期）企业，帮助该阶段创业企业对接资源，将已经试点的产品或服务快速商业化并拓展新市场，然后帮助企业进入“快车道”后通过一系列退出方式获取投资收益。

由于高科技和新经济创业企业增长快且成长性高，因此投资者竞争性加剧，逐渐突破传统创投的阶段性分工，向前端（天使投资）和后端（Pre－IPO）延伸。以美国为例，20 世纪 80 年代，种子期、初创期和成长期的创投基金占比大致相当。进入 90 年代中后期，天使投资逐渐兴起并实现专业化。与此同时，随着成长期企业的资本需求扩大，该阶段创投资本占创投总金额将近一半（Metrick & Yasuda，2010）。进入 21 世纪后，投资者对种子期和初创期的重要性已达成共识，天使投资得以持续发展（且比例不低于 5%），成长期创投比例相应下降，2008 年低于 40%。

股权创投的企业生命周期理论与创投实践的“轮次”没有直接关系。股权创投过程复杂且涉及诸多法律事务，费时费力，因此创投实践中投资者并不愿意过于频繁渐入式投资，而是将投资分为不同轮次。其中，第一次投资常被称为“A 轮”，第二次投资和第三次投资依次为“B 轮”和“C 轮”。随着“天使投资”重要性上升，为了体现“天使投资”与创投活动的整体性，实践中，有时把“天使投资”称为“Pre－A 轮”。此外，我国创投从业者中，有相当比例人员并未接受专业系统培训，而通过“边做边学”提升创投能力；实践中为了降低投资风险同时发挥渐入式投资的激励约束作用，有时将一笔投资分做两次，从而出现“A＋”或“B＋”等扩展阶段，如图 1－1 所示。

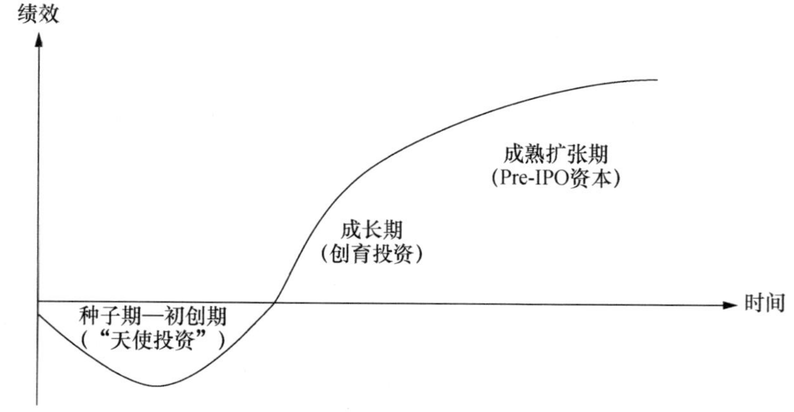

图 1－1　企业生命周期与创投理论

表1-1 创投轮次的定义、特征及企业生命周期

企业生长阶段	企业特征	创投资本类型	创投资本及其作用
种子期（Seed Stage）	具备企业经营的产品或服务构思和概念，但是商业模式有待验证	亲缘资本（Family, Friends & Fools）；种子基金（Seed Fund）；"天使投资"（Angel Investment）	产品研发和市场分析，组建管理团队，准备商业计划书，企业战略和管理，整合社会资源
初创期（Early Stage）	公司成立1~3年，完成产品研发、测试和市场分析但尚未充分商业化，同业竞争力弱，企业内部资金尚未良性循环	"天使投资"（Angel Investment）；创育投资（Venture Capital）	产品研发、测试及其商业化，优化创始团队及股权结构，帮助企业对接管理资源
成长期/扩张期（Expansion Stage）	产品和服务大范围商业化，企业现金流和存货增加，开始实现利润	创育投资（Venture Capital）；成长基金（Growth Capital）	提供企业运营所需日常费用，对接其他机构投资者和企业所需资源
成熟期（Late Stage）	企业市场占有率和利润率稳定，技术和管理水平相对成熟，企业增速放缓	夹层资本（Mezzanine）；并购资本（Buyout）	进一步开发新市场，帮助企业建立规模效应，扩大品牌优势，引入Pre-IPO资本
衰退期	企业市场份额下降，管理层官僚作风盛行，部门之间协调阻滞	问题债务资本（Distress Investing）；对冲基金（Hedge Fund）	企业并购和重整资本进入

资料来源：参考美国创投协会（NVCA Yearbook，2009）。

第三节　创投、创业与创新的理论框架

一、创新及其本质

理解创新的本质必须将其与发明、科技和研究三个相关概念进行区分。《牛津英语词典》将创新定义为“事物本质和形态的改变，以及从未出现或使用过的新产品和方法”。Nelson（1993）在《国家创新体系：比较研究》一书中指出上述定义过于宽泛和过时，无法体现现代技术进步和社会变化。同时指出创新不同于发明（Invention）、科技（Technology）和研究（Research），其中，发明是新产品和过程的人造过程，科技是实现特定技术的能力，研究是理解事物存在和变化规律的过程。重要之处在于，同时明确指出创新是“为了满足市场需求，由经济组织掌握、设计并投入生产，最终创造社会财富和价值过程”。这个概念体现了创新的三个要素。首先，一项发明或技术如果不能面向市场并转化为产品或服务，就不能称为创新，即“需求是创新之母”（Necessity is the Mother of Innovation）。其次，必须由特定形式的经济组织提供，即创业企业。最后，必须创造社会财富和价值。

“创新必须得到商业化验证”的概念形式与创业理论（尤其是新奥地利学派）高度一致。长久以来，人们对“发明”和“创新”不加区分，认为新颖的想法或者科研发现就是创新，同时设计相应的制度安排（如知识产权等）进行保护。如果发明专利被购买，科学家和发明家获取相应报酬，即被视为完成科技成果转化，至于技术发明是否满足或创造社会需求往往不做深究。如果国家创新考核体系将科研成果或发明专利设为主要考核指标，社会中便会出现“创新”堆积现象，大量科研成果和发明专利无法转化。

法国经济学家萨伊（Jean－Baptister Say，1767～1832）将知识与智力划分为三类并据此区分三种知识密集型职业：基础科学类知识、技术或应用类知识、效率类知识。其中，科学家以基础科学为工作内容，创业者或企业家（Entrepreneur）负责将技术知识进行应用并商业化，而管理者负责将已经商业化的项目进行推广并继续提高其效率。因此，在整个经济秩序中，创业过程是技术从发明到应用的过程，而判断是否满足市场需求并将其商业化则是创业的重要内容和功能。萨伊对创业的经济学分析影响非常广泛，新古典和新奥地利学者都从中汲取营养和精华（Schoorl，2012），其中，熊彼特认为萨伊是首位把创业和企业家看作资本主义核心制度的经济学家。

创新的内容除了技术、产品和服务，还包括组织与制度、管理、营销、战略和文化等内容。提起创新，人们往往狭义地联想到技术、产品或服务，其实创新的内容和形态并不局限于这些。组织与制度创新指以组织结构、人力资源以及任务组合分配的创新，包括组织部门重新划分或合并部门、组织流程改造、岗位职责、调整管理幅度、员工的观念和态度、个人行为等。管理创新指对旧有管理方法根据环境、技术、人员等核心要素变化而进行改变。营销创新指营销策略、渠道、方法、广告促销策划等方面的创新。文化是特定群体的思维和行动模式集合形成同时个体自觉遵守的行为模式，因此文化创新指组织内部价值观和思维习惯模式的变化。

并不是所有的发明都能带来创新并推动社会进步，除了市场需求，一项发明实现创新还取决于“互补要素”（Complementary Assets）。早期个人计算机出现时市场前景并不理想，但后来随着纺织工业发展以及相应计算机软件的开发和使用，个人计算机得以快速推广，然后形成全社会范围内的应用并推动其他行业的变革和进步。因此，创新需要特定的“互补要素”，技术进步和创新之间存在一定协同作用，某项技术未必构成创新，几项技术的组合却可以成为创新；同时，某项发明短期内由于缺乏特定“互补要素”，一旦这个约束条件得以放松，该发明就可以成为创新（Teece，1987）。Teece 的观点很好地解释了当下新技术革命（互联网、通信技术、物联网技术以及人工智能）的颠覆式创新，这些新技术是传统领域技术和发明的“互补要素”，因此与传统领域其他技术进行组合，激活了系统内的创新。与此同时，“互补要素”的形态除了技术，还包括制度、管理、营销、战略和文化等；因此，技术进步和发明推动创新还可以通过放松其他形态“互补要素”的约束来实现。

二、创新、创业与创投：内在逻辑与关系

市场需求和“互补要素”解释并揭示了股权创投推动并实现创新的内在逻辑。创投实践中，创业者向投资者递交商业计划书（Business Plan，BP），详细介绍了公司基本情况、技术和产品、市场与销售、管理团队、财务分析等方面。与此同时，BP 必须展示企业所经营产品或服务有足够的市场需求或可以创造新市场；没有目标客户和市场潜力分析的 BP 是不合格的。因此，市场需求是创投机构项目筛选和尽职调查的重点内容。同时，由于投资人和基金管理人一般具有丰富的相关职业背景甚至创业经历，对拟投行业和产品具有敏锐直觉和判断；因此创投是创业实现创新的筛选机制。与此同时，投资人和基金管理人在投资决策时，会根据自己对行业技术及前景的判断，分析拟投项目实现市场价值所需的“互补要素”以及自身和创业团队是否具备相关资源整合能力放松这些约束条件；因此，创投活动是创业实现创新的资源整合机制。创业活动充满不确定性以及不完全信息，因此面临投资不足的问题。而创投活动通过一系列机制设计，对投资者、出资人以及管理人等要素提供激励与约束；因此，创投是创业实现创新的激励机制。

除了创新的“技术论”，创新还被认为是社会经济的进化过程。熊彼特是较早系统论述创新过程的经济学家，他将制度分析和进化论相结合，认为创业者的“首发优势”以及相关制度安排（如知识产权法等）为创新主体提供经济激励和“超额利润”。创新对原有市场主体及其结构带来“颠覆式”影响，出现行业内的破产、重组和兼并，加快行业内的活跃要素向创新创业者集聚。与此同时，颠覆式创新的创业企业在技术、市场、管理以及资本等各方面成熟，企业进入稳定期，企业技术、产品和服务在全社会范围内与其他技术发生协同作用，继而带来指数增长。但随着原材料供应、市场需求以及内部管理发生变化，企业增速放缓；如果没有持续创新，企业会出现衰退（Schumpeter，1950）。

与熊彼特的企业视角不同，Ergas（2000）基于全社会经济视角，提出创新的“四阶段论”，即产生（Generation）、应用（Application）、纵向（Verticalization）和扩散推广（Diffusion）。其中，“产生”指将特定技术产品化和服务化，从无形变成有形，这一过程涉及企业、高校和科研机构的研发；“应用”主要指商业化，将产品和服务与需求匹配；“纵向”表示产品和服务的市场化过程中与其他要素的互动与交易（诸如供货商、批发商、零售商、技术服务支持等）；“扩散推广”指技术在其他相关产业以及全社会范围内的应用以及相关产品和服务的迭代与升级。

创新的“周期论”观点与创投活动贯穿创业企业各个发展阶段的特点保持一致。当创业企业处在“种子期”和“初创期”时，技术发明和产品（服务）尚未完全开发，客户需求和反馈也仅仅局限在试点范围，创业团队的管理以及组织架构也并未成型，面临较高的失败风险。这个阶段，天使投资主要帮助创业者完成产品研发、测试和商业化，并优化创业团队及股权结构等。因此，天使投资是技术、产品和服务实现创新的重要组织形式，如果没有天使投资，技术、产品和服务仅仅停留在“发明”阶段，没有真实有效地验证和开发客户和市场需求，没有分析解决创业项目需要的“互补要素”；如果没有天使投资，很多具有创新潜质的技术发明和创业企业难以度过较高失败风险的“死亡谷”阶段。当创业企业进入“扩张期”和“稳定期”，技术和产品（服务）在试点范围内通过验证，尝试在更大范围内进行推广并进行产品迭代；此时创业者面临较大的市场竞争，创投资本（包括夹层资本和私募基金）进入后助力创业者进行兼并，加快行业内的优势资源向创业企业集聚。之后创业企业稳定增长，创新活力逐渐下降，创投资本选择退出；创业企业 IPO 后进入二级市场，全社会公众通过股票投资参与该企业的利润分配，实现创新收益的社会化。

并非所有的创业和创投活动都真正具有创新属性。社会公众普遍认为凡是注册新企业即是创业，但创业理论严格区分自我就业（Self - employment）和创业（Entrepreneur）。自我就业虽然同样以新成立企业作为组织形式，但缺乏创业内在的特点和创新属性，没有机会成本，不具备成长性且不需要企业家精神对未知不确定性进行“判断”。此外，并非所有的创投活动都具有创新属性，一定比例的创业者和投资者一厢情愿地认为其创业项目新颖、特别，忽略了真实的市场需求和互补要素的制约，从而出现创投的“僵尸企业”以及资源的浪费和低效利用（Shane，2008）。创业理论使用 High - impact Entrepreneur（HIE）或 Leveraged Startup 将创新的创业与传统创业形式区分，认为只有满足市场需求、高成长性、不确定性并创造社会财富的创业活动才具备创新属性（Alvarez & Barney，2004）。

综上，“创投—创业—创新”之间的内在逻辑与相互关系可以通过图 1 -2 进行形象化概括。其中，并非所有的创业都具有创新并同时获得创投资本，只有部分创业项目可以获得创投资本；并非所有的创投项目都具有创新属性，但是创投是创业实现创新的筛选机制、培育机制以及激励机制。创投、创业与创新之间内在联系并有机统一，其中创新是功能和属性，创业是组织形式，创投是机制机理和方法。

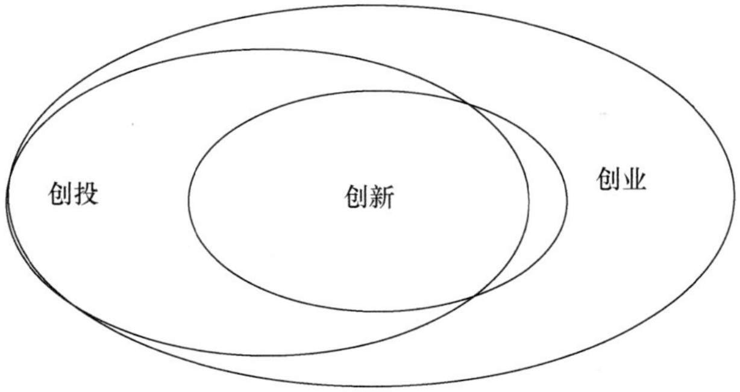

图 1－2　创投、创业与创新的相互关系

资料来源：笔者整理总结。

三、农业创新、创业与创投

农业的行业特性显著。与其他行业相比，农业具有三个行业特性。第一，由于农业生产要素的固定特征，农业生产及其相关活动（物流、市场及相关服务）具有分散性和原子性。第二，农业生产和生活空间差异显著，特定知识在应用与推广时须进行调试与校正。第三，受气候、病虫害、市场波动等影响及其项目作用，农业的可控性较弱，不确定性较强（Pardey et al.，2010）。

以上特点对农业创新、创业及其组织形式影响深刻。首先，由于原子分散性和空间差异性，农业创业与创新即便在区域范围内验证成功，但推广扩大可能也会面临失败。因此，创业项目的初创期、成长期和稳定期连续性较差，农业创业项目的成长性不高。其次，农业活动（生产、生活或相关）数据信息化成本较高，导致相关服务的商品化和市场化程度低，交易费用高；较高的数据和信息成本（如财务数据）限制了机构投资者，农业组织的经济属性经常与农村社群功能嵌套（Embedded 或 Intertwined），从而出现组织“异化”（Binswanger & Rosenzweig，1986；Hoff et al.，1993）。再次，由于农业系统受多方面因素影响，技术发明或管理制度创新往往面临诸多“互补要素”约束，因此农业创新的协同机制非常重要。最后，由于农业具有公共属性（粮食安全国家战略、食品安全公众卫生及健康、农业环境可持续发展、乡村文化和历史传统等），因此农业领域政府干预较为普遍。这一方面成为农业发展的重要基础，另一方面也增加了农业创新的复杂性。例如，当某些农业技术发明是共有产权时，国家、高校科研机构以及科学家共同支配农业技术发明成果，这种情况下技术发明的商业化以及创新充满复杂性；当科研管理体制不健全、机构行政干预和官僚作风严重时，创新的制度成本和交易成本很高。

总之，农业创新的本质是通过技术、营销、组织和管理等变化，不断挑战和突破传统农业的上述特性和约束，实现并满足人类需求。首先，设施农业、生物技术和转基因等技术不断提高人类对农业生产过程及其产品性状和性能的控制力，降低过程中的不确定性。其次，农业信息化、物联网、大数据以及人工智能技术在一定程度上降低农业生产及其相关活动（物流、市场及相关服务）的分散性和原子性对系统效率的约束，降低对局部信息和地方特定知识（Local knowledge）的依赖性，提高决策的科学性和组织化。最后，电子商务、社区支持农业等商业模式创新和组织变化影响技术发明商业化和市场需求，影响“互补要素”和 Ergas 理论的“纵向”过程。

农业股权创投活动应该体现农业创新的本质并遵循其特殊性。如前所述，股权创投的投资对象是企业的成长性和创新性，其中市场需求和“互补要素”是项目筛选、投资决策和投后管理的核心与重点，投资者一方面需要了解和分析拟投项目创新的颠覆式本质，判断项目是否具有创新属性及从哪个方面打破传统农业的突破和约束；另一方面创新的颠覆性是相对的，农业的上述特点及约束性在创业企业的整个生命周期内仍然客观存在，且在项目不同成长阶段的影响各异。因此，农业创新是通过技术和制度变化，不断突破特性的约束，同时在一定范围和特点阶段内遵循特性，是矛盾的统一体。创新和技术进步之间的关系是通过市场桥接和催化的，创新是非线性、螺旋式的链条过程（Shane，2000）。

第二章

股权创投的运营机制、运营过程及生态体系

商业实践中，创投资本与创投活动的运营和组织形式多种多样，现有文献对此已有系统介绍（刘健钧，2003；李建良，1999；谭祖卫，2015a）。本章旨在以个别创投机构以及创投项目为素材，结合第一章内容，着重介绍股权创投的运营机制、运营过程和综合生态。本章结构如下：第一节介绍股权创投的运营机制，包括内部治理和契约机制、投资决策机制、价值增值机制和退出机制四个方面；第二节介绍运营过程，分为融资、投资、投后管理及退出四个阶段；第三节介绍创投生态、创投文化以及政府法律法规环境等。

本章主要观点和信息摘录如下。

（1）创投运营机制的核心是通过股权和契约安排，对具有创新潜力的智力和知识创业要素主体（创投基金管理人和创业者）充分赋权，同时设立相应激励和约束机制，保证投资人利益并降低风险。其中，创新潜力的智力和知识创业要素与第一章创业理论是一致的，即Knight理论的创业者“判断”、Schumpeter理论的“企业家精神”、Kirzner理论的“机会警觉与发现”，以及新奥地利学派创业理论的“对创新的认知、实践与试错”。

（2）创投机构出资人（Limited Partner，LP）将基金运营交由管理能力强、行业经验和资源丰富的基金管理人（General Partner，GP），除了收取管理费作为收入，管理人还可获得基金投资收益固定比例的分成以及额外分红。与此同时，为了强化对GP的约束，管理人需以个人资产入股（至少2%），同时对债务承担无限连带责任。此外，投资人通过一系列股权设计（诸如特别投票权普通股、可转换优先股、可转换债券以及附加认股权证债券）防范风险。

（3）投资决策是股权创投机构运行的核心内容，包括项目筛选、项目投资、投后管理以及最终退出；投资决策机制涉及决策制度、内部组织结构、决策过程等。

（4）价值增值及退出是股权创投的核心目的和重要机制，也是实现创新并将其价值全社会分享的途径和过程，体现了创投的金融属性以及在多层次金融体系中的作用。

（5）创投的退出机制体现了创投（作为机制设计）识别、培育和实现创新的良性循环，同时也是产业升级和产业融合的重要手段。与此同时，颠覆式创新对行业和产业的影响较为剧烈，创投资本、创业者、创投行业及全社会应积极、理性看待各种退出形式

（包括对失败项目的破产清算），勇敢接受创新不确定性特点，培育营造理性的创业理念，积极地学习创业和创投生态及文化。

（6）创新和创业活动并非独立的个体行为，而是多元主体在特定环境下的集体认知和互动；知识类创新主体具有聚集效应和集群特征，地理和区位是创新创业的决定因素。创新创业的生态体系指创业主体之间及其内部相互识别和互动的网络、协同环境以及资源与能力的集合，其中创投是创业过程中实现创新的各种资源整合与集中的“黏合剂”和“催化剂”。高校科研机构是创新创业生态体系中的重要组成部分。

（7）创投文化体现出资人、管理者和创业者等集合形成同时自觉遵守的行为模式。契约精神、约束性、信誉和信任既是创投文化的核心内容，也是现代商业文明的基础。创投生态和创投文化具有一定路径依赖和情境特征，对我国股权投资的历史学和社会学研究有助于推动我国商业文明建设，建立文化自信并更好地指导实践。

第一节 运营机制

一、内部治理和契约机制

虽然创投活动体现投资者与创业者“共担风险、共享收益”的关系，但权利和义务并不对称。当企业所有权与经营权和控制权分离时，委托—代理问题难以避免。企业中最重要、掌握最多信息、最难监督的成员是企业的经营管理者，若不能充分赋予其剩余索取权，就会出现激励问题。股权创投的内部治理机制是核心制度安排，目的在于平衡各主体间的权责，通过机制设计激励并约束具有企业家精神的智力和知识要素，将委托代理问题的影响最小化，保证投资者以及组织的利益（李建良，1999；潭祖卫，2015a；谭祖卫，2015b）。

目前我国股权创投机构的法人形式主要包括有限合伙制和有限公司制。其中，有限合伙与普通合伙不同，普通合伙人执行合伙事务，有限合伙人不参与合伙企业的经营；有限合伙人以其认缴的出资额为限对合伙企业债务承担责任，普通合伙人对合伙企业的债务承担无限连带责任。通过这样的制度安排，可促使普通合伙人认真、谨慎地执行合伙企业事务；对有限合伙人而言，则具有风险可控的好处。但我国《合伙企业法》中缺乏对有限合伙企业内部治理的细致规定，导致实际中股权基金内部治理形式以二者约定为准，签订《合伙协议》以及《委托管理协议》，主要包括基金管理人与投资人的权利及义务、投资人利益保证、基金管理人的激励与约束、股权安排等。

（一）关于基金管理人与投资人的权利及义务

创投活动将企业的控制权赋予拥有相对信息优势、较广泛的社会网络、较强管理能力、对所在行业及领域有清晰地认识和判断、经验丰富的管理者（基金管理人）；在面对外部环境变化时，及时地给出正确的应对措施，提升基金的运作效率和决策水平。股权创投也具有较高的风险和失败率，同时与管理人的能力和道德有很强的相关性。管理人拥有公司控制权，若对公司债务只承担有限责任，极易产生道德风险，因为基金运营失败并不会对其产生极大的影响。所以，通过内部治理机制，要求基金管理人对债务承担无限连带责任，将管理人的财产和控制权进行捆绑，以其自身现有和未来财产作为担保，承担债务责任，有利于保证投资人的利益，并在一定程度上控制风险。同样，投资人作为资本提供者，承担经营过程中的主要风险，但却不享有公司的控制权，这是一种均衡的关系；若同时需对债务承担无限责任就会打击投资人的投资积极性，使需要获取资金扩张的公司难以实现融资。与此同时，由于管理人拥有相对的信息优势，投资人进行监督需要付出一定成本，当管理人对债务承担无限责任后，投资人在一定程度上降低对管理人的监督程度。

此外，在实际中还可以通过设立投资决策委员会来约束基金管理人并且增加投资人参与决策的权限。实践中，创投机构投资人在《合伙协议》中约定由投资人、基金管理人和第三方独立专业人员组建投资委员会并成为投资决策的最高权力机构，实行民主决策，取代基金管理人单一决策模式。

（二）投资人利益保护

投资人利益保护是基金内部治理机制和运营过程的核心。有限合伙制下，信息公开有助于缓解管理人与投资人之间存在的信息不对称问题，但创投机构大多是私募基金，为了提高行业竞争力，很多信息是非公开的。因此，为了保护投资人权利同时不影响基金运营，双方约定在一定范围内、以一定形式对部分信息进行披露和公开（如基金投资战略、基金管理人经历、基金管理机构业绩、创投企业的运营状况、基金管理费用明细、基金运营过程中发生的重大事件等）。虽然投资人不享有公司的管理权，但保留足够的知情权以保护自身利益；只有充分了解基金运营状况，才能维护其利益。另外，对于基金管理人而言，充分了解投资人资本状况有助于创投机构做出相应判断。所以运营过程中，信息公开和透明的机制是必要的。

（三）基金管理人的激励与约束

对于基金管理人，一方面要对其控制权进行约束，另一方面要通过激励设计予以索取权，只有控制权和索取权统一，才能保证基金高效运营。管理人的收入共来自三个部分：一是投资收益，即自有资金投入基金获得的投资收益；二是日常运营开销的管理费；三是业绩激励的基金分红。实践操作和行业惯例中，管理人出资 2% 左右，享有基金投资收益 20% 的分成。这个所谓的“二八定律”将管理人和投资人的地位进行平衡，旨在控制管理人的道德风险，并激励其利用专业知识、管理经验以及社会资源实现更大收益。

除了激励机制，对基金管理人的约束机制也同等重要。管理人享有基金投资收益的 20%，虽然可以形成有效激励，但不能完全防止管理人损害投资人利益以及在经营过程中可能会出现的“偷懒”行为（如故意放弃可盈利的机会，或者利用其社会关系网进行相关交易等）。所以，对管理人进行多方位约束是有必要的，也是基金运营内在机制的重要内容。

（四）股权安排防范风险

股权创投通过一系列股权设计来防范风险。私募股权中，投资人、基金管理人和投资对象可以面对面进行协商，根据具体情况设定适合项目的股权安排和风险防范措施，具有灵活性。股权创投的风险防范机制包括特别投票权普通股、可转换优先股、可转换债券、附加认股权证债券等。通过特别投票权普通股，投资人对所投企业的日常经营拥有表决权，可以获得股息；在重大融资事件中，拥有一票否决权，确保处于信息弱势投资人的基本权益（刘健钧，2004）。融资阶段早期，优先股是契约安排中的主要工具，而可转换优先股最大的特点是：一方面投资方可以优先获得股息同时享有优先清偿权；另一方面拥有像普通股那样的表决权（Trester，1998）。此外，创投协议中，投资人和基金管理人约定将现金流量分配权、投票权、董事任命权、清算权等对创业企业的控制权相互独立地进行分配，投资人可使用“可转换债券”来最大化保护自身利益（Kaplan & Stromberg，2001）。最后，附加认股权证债券是用一定数额资本购得债券并获得利息收入，同时还可以获得企业的认股权；当所投企业达到预期目标时，企业投资方即可按认股权证购买所投资企业的股权。

二、投资决策机制

投资决策是股权创投机构运行的核心内容。投资决策机制贯穿整个创投过程，包括前期项目收集、筛选、投资决策、投后管理以及最终退出。投资决策机制涉及决策制度、内部组织结构、决策过程以及其相互间的关系。随着科技进步和商业化进程加速，大量优质创业项目需要扩张资本；如果不能建立高效率的投资决策机制，一方面投资机构可能错过好的投资机会，另一方面会恶化项目管理人和投资人关系，影响整个运营和决策。

虽然投资决策是创投管理的重要内容，但商业和学术界对于其规律并未形成共识。MacMillan 等（1987）通过调查认为，投资人在项目决策中最注重的因素是管理人的素质和能力，而不是市场、产品和战略等因素。Swartz（1990）从商业实践经验也持有相同观点，认为成功的投资人首先投资于创业企业家经历、性格品质（如领导力、远见、正直、开放和投入等）和团队结构，而不是商业计划。Elango 等（1995）

通过翔实调查，表明项目的市场前景是投资人的决策核心，因此创投机构的投资决策机制应该民主化，任用专业人员进行商议、进行科学决策。

（一）投资决策机制的内容

创投活动在投资前期分为四个阶段，包括项目收集、项目筛选、项目立项以及项目确认。项目收集是在市场上对于有资本需求的公司进行数据、资料的收集，为之后的项目筛选做准备。项目筛选是根据基金的偏好和战略规划，从项目库中寻找合适的项目作为备选项目。项目立项是以投资业务部等集体形式对筛选保留项目做出是否立项的决定，并根据其提供的商业计划书进行最后甄别。项目确认是最后一个阶段，对立项项目进行实地调查和考察，然后综合各因素做出投资决定，该阶段往往体现决策机制的科学性和合理性。

英、美等基金发展比较成熟的国家经验表明，要想实现基金决策的专业、高效，需要建立一个专职的投资决策机构。该机构可能不直接参与项目收集、项目筛选以及项目立项，但在最终投资决策阶段起着决定性作用（如投资决策委员会或股东大会等）。此外，决策机构在表决时还应该设定表决方式以及通过方式，包括全票通过，即决策某一项目时，决策机构全部人员一致同意方可通过；多数通过，即决策某一项目时，决策机构2/3以上人员同意方可通过；半数通过，即决策某一项目时，决策机构一半以上人员同意方可通过；一票否决权，即决策某一项目时，决策机构中某一人员拥有一票否决的权利。

投资决策权安排方式差异衍生出不同的决策机制模式，包括投资决策委员会模式、董事会模式、行政模式以及混合模式（谭祖卫，2015b）。

投资决策委员会（简称投委会）是公司董事会非常设的专门议事机构，根据公司董事会授权，依据《公司章程》、《基金章程》和《基金委托管理议》，负责对公司受托管理基金的项目投资及退出等相关问题进行决策。投委会主要由董事会成员、公司经营层和外部专家组成，其中外部专家不应少于两名，组成成员应报基金公司董事会备案。对于投委会委员的条件：必须具备良好的品行，自愿遵守《公司章程》和《基金章程》；熟悉股权投资的基本要求，具有一定的宏观经济分析、项目投资分析和风险判断能力，以及相关的专业知识和工作背景；近三年不因重大违法、违规行为被相关行政管理部门予以行政处罚的情形。投委会对公司董事会负责，但必须独立行使公司投资决策权。根据股东及董事会的意见，审定投资方向、投资策略及投资限制；对公司经营层提交的单笔投资在基金规模15%以下的项目投资申请和投资方案进行审议；对已投资项目的退出变现及其他处置方案进行审议。投资决策委员会根据公司的项目投资审议申请不定期召开会议；对于投资方向、投资策略等非项目投资的审查，则根据股东或董事会的意见召开会议。投委会委员每人享有一票的表决权，会议做出决议需要全体委员的2/3或以上表决通过方为有效，主要决策是否投资、投资额度、投资方式、投资条件、投资退出等，但不独立进行投资项目的选择和论证。当投委会成员认为有必要时可以请外部专家对项目的现状、技术、前景进行评估，但是不做出决议。

董事会模式指在遵守国家有关法律法规、条例的前提下，董事会拥有对所管理基金的各项对外投资事物的最高决策权。董事会人数视公司注册身份而定，有限责任公司董事会人数要在3~13人。在实际中，董事人数对董事会的工作效率影响很大。董事会决策一般以投票表决方式进行群体决策，董事个人需要对自己的投票和选择承担相应的个人决策责任。在董事会会议讨论重大事项的决策中，凡是未按照法律规定程序经过董事签字的书面决议，即使每一位董事都以不同的方式表示过意见，也不具有董事会决议的法律效力；董事会的决议违反法律、行政法规或者公司章程，使公司遭受严重损失的，参与决议的董事承担赔偿责任；对经证明在表决时曾表明异议并记载于会议记录的，该董事可以免除责任；对在讨论中明确提出异议但表决中未明确投反对票的董事，不得免除责任。但当投资人出资比例较高时，管理人拥有股份较小，话语权较弱，难以体现出其管理才能。

行政模式指以行政会议形式集体对股权基金对外投资行使最终决定权，如专门设立基金管理委员会。政策性基金以及国有股权基金多采用此种方式，管理委员会成员可由行政官员组成，也包括少量外聘专家。行政模式是政府基金管理由行政主导向市场化管理转变的过渡模式，随着政府基金管理模式的成熟，决策模式会逐渐向市场化演变。行政模式下，基金管理委员会成员主要由非专业的行政人员组成，而高增长创新行业的投资决策较为灵活，遇到较好的投资对象往往需要迅速决策，行政人员既定公务时间会带来一定效率损失，与创投行业的特征不相符。

（二）投资决策机制的影响因素

影响创投决策的因素有很多，大致分为三类：第一是创投基金的特征，包括基金类型、基金存续期和基金募集；第二是创业企业的特征，包括成长性、发展阶段和技术；第三是投融资交易特征，包括投资阶段、联合投资和资本构成。其中，基金的类型和特征起主要作用（Cumming，2001）。前述章节提到，根据投资对象的成长阶段，创投基金大致分为天使投资基金、创业投资基金、成长基金、并购基金和重整基金。其中，成长基金投资于成长阶段企业，投资规模较小；并购基金，主要以控股方式投资于稳定成长期的企业，这些企业通常可以提供连续三年以上的反映盈利能力或潜力的财务报表，通过企业内部重组和行业整合帮助被收购企业确立市场地位，投资规模较大；重整基金，对象为陷入财务危机的企业。大多数处于成长阶段的创业企业的资金需求并不高，需要体现出较强的成长性才能吸引创投资本。当企业处于成熟期时技术相对比较稳定，但需要大量资本进行扩张。投资人除需要具备投资实力和风险识别能力外，更重要的是选取基金管理人进行专业投资决策。

三、价值增值机制

资本价值增值是创投活动的原始驱动力（刘健钧，2004）。古典经济学假定“人”是市场的基本主体并且是理性的，在这种情况下市场是配置资源的有效手段。但在实际中，人的有限理性和不完全信息是客观存在的，因此出现非市场的制度安排。股权创投是针对传统投资市场（如股票市场）的制度创新，其本质是通过创投活动实现资本增值。

（一）发现创业企业的潜在价值

与传统公募资本市场相比，私募股权在发现创业企业的潜在价值方面具有制度优势。虽然信息不对称在股票市场也存在，但投资人凭着信息公开披露等制度可以判别投资对象的潜在价值。因此，证券市场是相对有效均衡的市场，基金经理很难通过非管理的证券组合获利，只能根据投资者的风险喜好进行判断，通过组合投资规避风险。与股票市场不同，股权创投是对未上市的创业企业进行投资，既没有投资对象的公开披露信息，流动性也较弱，所以创投市场是一个信息高度不对称的非均衡市场，有出现高额报酬的机会，从而成为创投市场的进入激励。创业企业的成长性、不确定性以及创投市场的不完全信息成为创投机构发现创业企业潜在价值的经济学基础。Carpentier 和 Suret（2003）实证研究了加拿大资本库公司计划（Capital Pool Company Program）中 450 家没有通过私募股权创投而通过公募方式融资的企业，研究表明私募股权的投资决策机制和风险控制机制非常适合高成长创业企业，具有公募资本无法比拟的制度优势。

（二）创造价值获得增值服务

除了发现和识别价值，股权创投有助于实现价值增值。证券投资者在二级市场上买卖证券虽然可以起到活跃交易、分散投资者风险和反映公司经营状况等信号作用，但这种投资并不能给证券发行者带来新的资本，也不能创造新价值。与此不同，创投基金除了为创业企业提供早期资本，还可以根据自身特点和优势，为创业者对接整合其他资源（包括与其他资本联合），帮助创业企业短时间内实现价值增值，这种增值服务实质上是一种价值创造的过程。

创投资本促进创业企业价值增值的机制是信息与人力资源管理。Carvalho 等（2008）研究表明，创投基金通过促进其投资的企业之间传递关于高管层的信息来增进企业集群内部的价值实现和价值增值。创业企业初期规模较小，缺乏管理信息和管理经验，创投基金借助其运营网络分享和传递企业管理信息和经验。通过这种形式，虽然创投基金不直接介入投资对象的经营管理，但间接介入创投企业核心人员的配置与再配置事务中。

价值创造与基金管理人密切相关，因此相应的激励和约束很重要（谭祖卫，2015b）。激励指组织通过设计适当的外部奖酬形式和工作环境，以一定的行为规范和惩罚性措施，借助信息沟通激发、引导、保持和规范组织成员的行为，以有效地实现组织及其个人目标的过程。约束指按照约定（特定）条件进行限制和管束；约束与激励二者是相辅相成、缺一不可的。创投基金管理人收益主要包括三部分：投资收益占投资总规模固定比例；管理费一般占基金年规模的2%左右，随着管理人管理水平高低以及业绩而变化；业绩报酬取决于管理人经验和社会网络对创投企业的价值增值，对管理人产生较强的激励。

为了使基金管理人和基金出资人之间的目标更加一致，激励方式非常丰富。第一，收益分成账户法确保基金出资人可以收回出资成本，要求基金管理人在每个投资项目获取的收益中将一定比例的收益存到基金账户中，这部分资金一部分用于资本回收，另一部分对亏损项目进行弥补。第二，设定基础收益率，出资人优先获得回报后对管理人依此分享剩余报酬。例如，假定约定基础收益率为6%，基金管理人的报酬权益为20%；如果当年收益率小于6%，那么全部收益归出资人享有。如果收益率在6%～10%，将6%分配给有限合伙人，超过6%的分配给基金管理人。当收益率大于10%时，收益的80%分配给基金出资人，20%分配给基金管理人。第三，引入基金管理人收益分配的分阶段兑现机制，即不同阶段设置不同的兑现比例，随着基金收益率的不断上升，管理人获得收益也不断上升。

为了防止管理人在日常运营过程中损害基金出资人利益，约束机制同样重要。

第一，要求基金管理人投入个人资本。基金管理人运营资本既包括自己的，也包括出资人的，承担部分代理成本和责任。

第二，信义义务的限制。在委托代理协议等法律文书中，通常要求基金管理人自身和基金利益不能冲突，基金管理人不能为了自身利益而使用在行使职责时获得的秘密信息，基金管理人不可以以其职位谋取不当收益。

第三，投资限制。约定基金的投资阶段、投资额度、投资领域以及投资方式等，避免造成不必要的损失，或因个人关系造成利益损害。

第四，转让财产的限制，约定基金存续期间，基金管理人不得转让在合伙基金中的财产。

第五，会议报告的义务。基金管理人有义务对基金运营情况定期进行汇报，方便出资人了解基金以及投资企业的经营状况。

第六，募集新基金的限制。募集新的基金虽然会增加基金管理人的收入，但也会分散其关注和集中程度，所以在基金资金投出占比70%前，一般不允许募集新的基金。

（三）股权转让实现价值

股权投资和证券投资都可以通过股权转让实现价值，但两者有着本质区别。证券投资价值实现主要通过公开市场买卖行为获得差价收入以及相应利息或股息，但在成熟的证券市场很难获取超额收益，投资者的投资目的大多为资产组合和分散风险。与证券市场不同的是，创投资本家的核心目的是在实现创投企业资本增值后，当投资对象的整体价值得到社会认可且企业不再具有成长潜力之前转让股权，从而实现超额收益，这与证券投资有着本质区别。

此外，创投形式对公司治理结构的影响有助于创新。Hochberg（2012）对比研究创投和非创投 IPO 企业，研究表明创投支持的企业有较少的收益操纵和更高的财富效应；此外，董事会、审计委员会和报酬委员会比非创投支持的同类企业更加独立于管理层，企业治理结构更加有助于知识类企业的成长。

四、退出机制

通过适时退出，创投资本可以兑现投资收益，因此退出机制是整个创投运行过程的最后环节，同时关系到创投企业再投资，因此具有重要作用。目前，国内外创投资本退出方式主要有 IPO 退出、并购退出、转让退出、回购退出和清算退出。五种退出方式本质和特征存在差别，运作方式也迥然不同。

（一）IPO 退出

首次公开招股（Initial Public Offerings，IPO）即通过上市方式实现投资退出，推动创业项目从私人持股公司转变成公众持股公司，从而实现股权的流通。此后企业价值不仅受经营状况影响，还与股票市场交易行情有关。因此企业一旦进行 IPO，市场的活跃股权价格有时会高于企业价值，这也是股权基金希望通过 IPO 方式退出的主要原因。通常情况下，上市公司的股份是根据出具的招股书或登记声明中约定的条款通过经纪商或做市商进行销售。一般来说，一旦首次公开上市完成后，公司就可以申请到证券交易所或报价系统挂牌交易。有限责任公司在申请 IPO 之前，应先变更为股份有限公司。研究表明，创投资本有助于促进创新和知识经济发展从而推动社会进步，但退出对被投资企业产生的影响比较复杂，有经验的创投机构善于在市场价值最大时将企业推向上市，而在价值较低时进行投资。

IPO制度与创投行业发展紧密相关。我国IPO制度形成于计划经济向市场经济过渡时期，早期行政干预手段较多，后由行政审批制变化为审核制，目前正在努力向注册制方向转变。审核制是指监管部门不仅要对拟上市企业进行合规性审核，还要进行实质性审查，包括对拟上市企业投资价值、持续盈利能力、同行业竞争能力等进行综合判断。IPO发行审核的基本要求是：发行人具有独立性、规范运行良好、符合主体资格、财务会计符合规定、资产运行良好和募集资金投向明确等。其中，独立性包括资产独立、人员独立、财务独立、机构独立和业务独立；规范运行包括股份公司相关机构和人员能够依法履行职责、股份公司内部控制制度健全且被有效执行，公司董事、高管需具备相应的任职资格、发行上市前不得违规担保和资金占用；主体资格要求包括发行人应当是依法设立且合法存续的股份公司、发行人为有限责任公司整体变更为股份公司且满3年、发行人最近三年内实际控制人没有发生变更、发行人注册资本足额缴纳且无重大财产纠纷、发行人生产经营符合法律和产业政策、发行人股权清晰且不存在重大权属纠纷；财务会计要求包括发行人的资产质量良好、资产负债结构合理、盈利能力较强、现金流量正常、最近三个会计年净利润均为正数且累计超过3000万元、发行人不得对持续经营能力产生负面影响等；募集资金投向最重要的是要符合公司发展战略需求，不得与下属单位产生同业竞争，还包括募集资金数量和投资项目应当与发行人现有的生产经营规模、财务状况、技术水平、和管理能力相适应，还应与国家产业政策、投资管理、环境保护、土地管理等法律法规相符合；信息披露要求书面纰漏和口头纰漏共同作用。我国审核制还设有保荐人制度，符合条件的企业上市须有保荐人，并对申请人适合上市、上市文件准确性等进行审核并负有责任。

我国IPO退出流程主要分为三个阶段。第一阶段为企业改制以及辅导阶段，企业在该阶段需具备发行上市的基本条件。这一过程一般需要经过3~5个月，首先申报股份公司设立，准备申报材料，并通过验收和审查后召开股东大会。第二阶段为申报和审核阶段，证监会对企业提交的材料进行合规性审核以及实质性审核。首先由保荐机构进行内部审核，通过后上报证监会并等候反馈，并委托中介机构对反馈意见进行回复，之后再由证监会审核。第三阶段为发行和上市阶段，企业获得核准后向交易所申请上市并挂牌交易。证监会审核通过后，经过刊登招股意向书、询价、路演、发行、验资等环节，最终挂牌上市。

IPO 模式虽然多种多样，但创新类创投企业的 IPO 退出包括新股上市、买（借）壳上市和红筹上市三种方式。新股上市指在创业（新）板首发新股，完成创投项目从一级市场到二级市场过渡。买壳上市又称“逆向收购”，指创投项目将自有业务及资产注入一家已上市公司，对上市公司壳资源通过收购和资产置换等方式重新配置从而间接上市。实际操作中，从证券市场上挑选主营业务增长缓慢、盈利水平微薄甚至亏损的“壳公司”，将创投公司资产通过配股和收购等方式注入壳公司，实现重组上市。红筹上市是指中国公司主要运营资产和业务虽在中国境内，但以注册在境外离岸法域（通常在开曼、百慕大或英属维尔京群岛等地）的离岸公司名义在境外交易所挂牌交易。

（二）并购退出

企业并购（Mergers and Acquisitions，M&A）包括兼并和收购两种方式。国际上习惯将兼并和收购合在一起使用，统称为 M&A，在我国称为并购。企业之间的兼并与收购行为，是企业法人在平等自愿、等价有偿基础上，以一定的经济方式取得其他法人产权的行为，是企业进行资本运作和经营的一种主要形式。收购是指一家企业用现金或者有价证券购买另一家企业的股票或者资产，以获得对该企业的全部资产或者某项资产的所有权，或企业的控制权。兼并是将股权通过非公开市场转让给其他投资者，从而实现投资的退出。将所持股份转让给其他创业投资机构，也称为“二手转让”。这种投资退出方式比较简便，要求也没有 IPO 高，一旦交易实现，就可获得现金收益，所以这种退出方式比较受欢迎。

并购存在一定市场风险。首先，在准备阶段涉及目标市场和融资风险。没有好的目标市场并购就不会成功，因此并购企业的优良资质是影响并购成败的关键因素。此外，资本并购通常需要大量资金，如果筹措不当，就会对企业的资本结构和财务杠杆产生不利的影响。其次，在并购实施阶段面临股东权利不完全风险、股东财产权益虚增的风险、并购公司固定交易以及被并购公司劳动合同风险等①。最后，在运营阶段的管理权移交和企业文化差异等方面具有不确定性。并购不仅是财产权转移，更重要的是管理权转移。如果并购后管理不善，会对投资公司造成风险。例如，股权出让方依据公司章程对被并购公司没有管理权，如果公司章程没有赋予控股股东独立的管理权，并购后投资公司没有管理权；在并购时没有与被并购公司续存股东就管理权达成一致；小股东利用与员工的关系，对公司造成一定程度上的控制，影响投资公司的管理；等等。

并购是企业发展、产业链重组和升级的有效途径和方法。经过并购，企业规模得以扩大，生产力、市场份额以及管理能力全面提升，企业竞争力加强；并购上市提高企业知名度，品牌效应增加企业的剩余和超额利润。此外，并购加剧了行业内的市场集中度并对上下游其他产业链主体产生影响，从而引起产业链的整体优化和创新。当然，虽然并购有助于提高企业和行业的整体竞争力和管理水平，但也容易在行业内形成进入壁垒，改变市场结构。

根据产业组织特征，并购分为三种类型：①横向并购指企业在不同区域范围内的横向一体化。近年来，随着我国各行业产业化进程加剧以及全球性的行业重组，加上我国产业政策和资本市场作用，行业横向并

① 固定交易是指目标公司不能因并购终止的交易，从而对投资公司形成额外成本，处于比较尴尬的位置。

购十分活跃。②纵向并购指发生在产业内部上下游企业之间的并购。纵向并购的企业并没有形成直接竞争，而是厂商与供应商之间的关系。因此，纵向并购的基本特征是企业基于产业链的纵向一体化。③混合并购指发生在不同行业以及企业之间的并购。混合并购可以分散风险，寻求范围经济。随着市场竞争加剧以及互联网经济对传统商业模式的颠覆，混合并购成为知识和资本生产要素跨界配置从而创造新价值的重要方式和手段，也是第一、第二、第三产业融合的创新驱动。

（三）转让退出

股权转让是私募股权投资的重要退出途径。股权转让指创投项目股东依法将自己的股份让渡给他人，使他人成为公司股东的民事法律行为人。当项目公司短期内难以实现IPO或并购，但项目公司正处于发展上升期，有盈利能力和投资价值，股权转让可以使股权基金获取收益。由于我国当前政策法律法规等限制，股权转让退出方式对创投公司具有重要的实际意义。这类股权交易模式适于行业整体态势好、创业企业成长性较好且具有一定盈利规模，但因各种原因不够上市要求和条件，或在两年之内无法尽快上市的被投资企业。目前，我国在北京、深圳、上海等地都已经开始建立健全产权交易机构和体系，促进高科技产业发展并完善创投退出机制。这些有助于创业企业、中小高新企业与优质创投基金实现基于资源共享的高效融合。在国内二板市场尚未全面启动的情况下，股权转让可能是我国现阶段创投资本若干退出选项中可操作性较强的方式。

创投资本投资项目大多为科技型和知识型高成长创业企业，因此投资公司股权转让不仅仅是一种退出决策，同时也涉及剩余价值的跨期分配权。股权转让所得与其他财产转让所得最大的不同之处在于它并非单纯的财产处置收益，同时还包含相当于股息收益的部分，即转让人在持有股权期间对创投项目经营活动的利润应享有的权益增长部分。如果创投项目将新增盈利全部分配给股东，就成为股权持有人的股息所得。但是，企业基于法律要求以及经营需要（或者现金流不足）等原因通常都不会进行全额分配。未分配的盈余留存于被投资企业，就构成资产负债表中的“盈余公积金”或“未分配利润”。对股权持有人来说，这些保留盈余通常增加了股权的内在价值并在其处置股权时得以实现，以资本利得的形式表现出来。

（四）回购退出

股权回购本质上属于并购，但收购的行为人是企业的内部人员。回购的最大优点是创业企业原有结构得以完整保存，创业者可以掌握更多的主动权和决策权，因此回购对创业者更为有利。为了优化国有控股上市公司的产权结构，实现国有资产从竞争领域退出，我国试点使用管理层回购方式激活科技型企业的创新活力。但在实践中面临诸多体制约束。例如，我国《公司法》规定管理层中董事、监事和经理在任职期间不得转让自己的股份，导致管理层和核心技术人员的积极性难以激发。对于股票期权计划中的股票来源和资金来源，现有法律法规也没有明确和具体说明。此外，创新创业者是否可以回购企业、是否有持股数量上的限制、如何保证股东和雇员的利益、信息披露做何规定、收购后如何强化管理层道德风险等都需在立法中明确，这对于从制度上激活创新类企业具有重要意义。

（五）清算退出

清算退出是项目投资不成功时的退出选择。当投资者认为企业失去继续发展的可能性或成长速度太过缓慢不能实现预期的回报时，快速退出可以尽可能地减少损失，通过破产清算和解散清算收回资金用于新一轮的投资。其中，破产清算指公司因不能清偿到期债务，被依法宣告破产的，由法院依照有关法律规定组织清算组对公司进行清算，而解散清算指启动清算程序以解散风险企业。目前，我国亟须出台针对创新创业企业的破产清算相关法律法规，当前的《企业破产法》仅适用于全民所有制企业的破产，而针对非公有制企业的《民事诉讼法》中的破产程序，并不利于鼓励高科技和知识型创新企业投资者以及创业者。其中，破产清算中对于知识产权和无形资产的规定并不清晰。创投企业成立时，投资方投入了资金，技术方投入了技术；按照现有法律法规，一旦投入即是法人财产，如果清算，清算方对无形资产同样拥有所有权，科技和知识类创业者的权益未能很好地得到保护。

第二节　运营过程

上一节介绍了股权创投的运营机制，包括内部治理和契约机制、投资决策机制、价值增值机制和退出机制。运营过程是实现以上机制股权基金的具体操作过程，主要包括资金募集及组织架构、项目投资、投后管理、退出四个方面。

一、资金募集及组织架构

（一）创投基金融资

投资基金募集分为公募和私募两种。顾名思义，公募指以公开方式向非特定投资者募集资金，而私募指通过私下方式向有较强风险鉴别能力和承受能力的特定投资者进行资金募集。我国 2011 年《关于促进股权投资企业规范发展的通知》中规定：股权投资类企业的资本只能以私募方式向特定的具有风险识别和风险承受能力的合格投资者募集，不能通过在媒体发布公告、在社区张贴布告、向社会散发传单、向公众发送手机短信或通过举办研讨会、讲座以及其他公开或变相公开方式（包括商业银行、证券公司、信托投资公司等机构的柜台投放招募说明书等），不得通过具有公开性质的证券公司营业部和银行网点发售基金份额，直接或间接向不特定或非合格投资者进行推荐。创投基金属于高风险的投资基金品种，旨在追求长期资本增值，而非短期内买卖收入，所以采取私募方式更能够吸引具有风险偏好的个人和机构投资者。

国内外股权创投的资金募集对象有所不同。国际上，创投基金募集来源包括富有人群、大型企业、政府部门、养老基金、保险公司和金融机构（Gompers et al.，1998）。由于我国银行、证券、保险等金融机构实行“分业经营、分业监管”，不能同时经营创投行业。而对于大型企业，参与创育投资可以有效地利用闲置资金，还可以通过基金发现新的经济增长点。2014 年，证监会提出《私募投资基金监督管理暂行办法》，规定我国私募基金投资者必须具有风险识别能力和风险承担能力，机构投资者投资于单只私募基金的金额不低于 100 万元，总资产不低于 1000 万元，个人投资者金融资产不低于 300 万元或近三年个人收入不低于 50 万元。

若干因素影响创投机构筹集资金。这些因素包括投资者（尤其是主发起人）自身发展状态和实力、资本市场行情、宏观经济发展状况以及基金设立方案的合理性等。当宏观经济状况处于上升阶段时，投资者预判经济形式处于上升趋势从而对股权投资产生正向影响。资金募集实质上是市场营销过程，随着行业细化和投资的专业化，培养委托专业的募集团队对于创新和知识类创投基金非常有必要（刘健钧，2003）。

（二）创投基金的组织架构

创投基金的组织形式多种多样，且国家之间差异巨大，其中有限合伙制是主要组织形式。1980 年，美国有限合伙制投资基金参与的投资额占投资总额的 42.5%，到 1995 年达到 81.2%（李建良，1999）。有限合伙制创投基金通常由一般合伙人（General Partner，GP）和有限合伙人（Limited Partner，LP）组成。一般合伙人通常为创投基金或机构的管理人，按照（不低于）基金份额 1% ~2% 参股。GP 负责基金的运营，包括筛选投资项目，评估项目，参与被投资企业经营管理和投资回收全过程管理。有限合伙人是基金主要的资本来源，但 LP 仅提供资本，而不参与投资管理过程。

在有限合伙制创投基金中，LP 和 GP 之间是一种委托—代理关系，因此面临相应的激励与约束问题。如上节所述，在合伙协议中，基金管理人除了收取 1.5% ~3% 的年管理费外，剩余分配权与其经营业绩挂钩；当投资成功时，可获得投资收益的20%作为回报。同时，合伙协议一般规定单笔投资最高限额，确保赋予LP一定的监控权以及约定管理人不得为个人私利而投资对LP不利的项目。总之，创投基金管理人的历史业绩、行业内声誉和社会网络是关键。

除了有限合伙制，创投基金的管理架构还有其他形式。刘健钧（2004）认为，有限合伙制度在创投基金行业的普遍性并不表示该制度的优越性，而更多的是由于美国的税收政策以及历史原因造成。该学者同时将创投基金的管理架构分为自我管理型和委托管理型两种，其中自我管理型结构简单，权责明确，投资人可以通过选举进入董事会参与基金重大决策，有利于防范基金经理人的道德风险；此外，基金公司的管理费和业绩报酬支出可以计入相应的会计科目，形成运营成本。但是，自我管理型创投机构的投资决策很容易受董事会干预，同时面临基金管理费和业绩报酬量化比较难等问题。与自我管理不同，委托独立机构进行管理可以量化业绩报酬并节省管理费，比较适用于规模较小的基金及其早期阶段，但创投基金和董事会无法直接约束受托机构，这不利于创投基金（尤其早期）吸引投资者。此外，委托独立机构会出现创投基金公司董事会和（委托）管理顾问公司董事会两套班子重复设置，不仅不会降低运作成本，反而会弱化委托管理机制，甚至造成二者之间的矛盾。

创投基金的管理架构并无最优，而应该以契合度和舒适度为原则，尤其对于创新和知识型创投活动。创投基金设立早期，由于市场声誉以及激励约束机制难以短期内体现效果，为了吸引投资人，自我管理模式可能有助于董事会了解基金战略以及运营状况。同时，基金须设立相关制度安排减少大股东对管理团队的直接干预；管理费支出可以按季预提并定量化。当自我管理型创投基金公司发展到一定阶段后，可根据具体业务需求，将管理团队独立出来，形成专门的管理顾问公司，按创业投资集团模式发展。

二、项目投资

项目投资是创投基金运行的核心内容，包括项目的筛选、尽职调查、估值和股权安排等内容。

（一）项目收集及筛选

项目筛选指对创新价值的发现和风险识别过滤的过程。项目筛选之前，低成本快速收集优质项目信息是关键。创投机构基金管理人团队通常建立多元化的项目来源渠道（包括自有渠道、中介渠道和推介渠道等），充分利用自有行业资源优先获取优质项目信息。自有渠道是指机构人员的社会关系网络、参加各种投资论坛和会议以及对个人网络、市场分析、战略合作伙伴和股东等公开信息的研究和分析收集数据。中介渠道指借助或联合相关业务伙伴、专业机构以及其他创投公司获取交易信息，包括银行或投资银行、证券公司、律师或会计事务所等。推介渠道指利用机会参加不同机构举办的各种项目推介会、项目路演会以及创业比赛，诸如创业孵化器、产业园、科技园、大学和科研机构等。各种信息渠道提供的项目信息质量存在差异，通常通过个人网络、股东、业务伙伴获得的项目信息质量比较高。随着创投行业竞争加剧且市场整合度加大，创投基金逐渐通过自建或“内创业”等形式发展行业研究和项目信息挖掘，优质项目信息的早期判别和挖掘将成为创投行业竞争力的重要内容。

国内外创投项目筛选及立项依据有所区别。以美国等发达国家为例，创投机构在进行项目筛选时，主要参考管理团队素质、产品市场潜力和产品的独特性（刘健钧，2003）。同时，一个创业项目从种子期到成熟期将面临包括研究开发风险、产品风险、市场风险、管理风险和企业成长风险等诸多不确定因素，如果一个项目存在两种以上的风险因素投资者将不会进行投资。我国创投行业的项目筛选和决策标准与国外存在一定的差别。根据北京创业投资协会在2001年对246家机构进行的调查表明，我国创投机构除了看重市场前景，更多考虑创业者的个人背景、能力和性格特点，对于创业团队结构考虑得相对较少，这可能与我国的传统文化有一定关系，比较看重人脉关系和社会网络。此外，我国创投机构考虑项目技术的先进性，较少考虑技术的竞争性。

项目筛选的主要形式是审查商业计划书（Business Plan，BP）。创投项目筛选常被形象地比喻为“大海捞针”，一般情况下，收集的项目数量和最终投资的项目数量大约为100∶2。假设投资者收集了100个项目信息，初步筛选后对其中20份比较感兴趣；然后重点考核其商业计划书，从中筛选出10个项目作为候选项目并约见创业者项目主，从中进一步筛选5个较满意的；经过尽职调查和风险收益分析，确定最终2～3个项目进行决策投资。

为了减少尽职调查的工作量并提高效率，创投项目的初筛很重要。初步筛选指审查商业计划书是否符合基金范围和战略，包括行业定位、投资阶段定位、投资规模和投资范围等。首先，创业项目需符合创投基金或机构的专长领域，避免不熟悉的领域。其次，创业项目所处阶段符合基金资金充裕状况以及管理人的经验。如果基金处于中小规模且管理人具有丰富的企业管理经验和风险评估能力，可将投资集中于初创期项目；如果管理人具有证券行业背景且熟悉企业并购相关财务和法律知识，同时基金资金充裕，可以投资成长期项目。最后，创业项目的投后管理成本和便利条件等。创业投资是艰苦漫长过程，为了便于项目投后管理，创投基金往往选择地理和交通接近创投基金的资源优势区，从而有助于价值增值服务和监督等。

作为创投项目筛选的重要参考依据，商业计划书常被作为创业管理培训的重要内容（张玉利，2013）。一份优质BP应该满足以下基本条件。首先，计划书必须具备完整性，包括公司基本情况、技术和产品、市场与销售、管理团队、财务分析等方面。其次，必须展示企业所经营产品或服务有市场需求或可以创造新市场；没有目标客户和市场潜力分析的 BP 是不合格的。再次，项目产品或服务应具有成长性（即具有足够大市场）和独占性（即竞争壁垒和核心竞争力），这样才能为投资者带来资本增值。又次，项目的商业模式，包括营销手段、定价方式、销售渠道等。最后，创始人和团队的背景和创业经历，这些决定创投项目的应变能力、持续能力以及创业者自身的社会资源。

（二）尽职调查

尽职调查（Due Diligence，以下简称尽调）指对企业背景、所属行业、技术特点、营销方式、财务资料与制度等相关问题进行谨慎调查。由于《商业计划书》由创业企业单方面提供，投资者无法判别信息质量和真伪，因此尽职调查非常必要。尽调可以通过现场调查、搜寻调查、官方调取、通知调查、秘密调查和委托调查等方式进行。基金管理团队在进行尽职调查时，一方面尽可能全面地收集各类资料（包括创业行业态势、产品和服务的市场空间及市场占有率、创业项目生产和营销体系、财务情况以及创业者个人背景等）；另一方面还需要了解创业企业的市场环境和创业生态（例如潜在客户和市场潜力、上游供货商及产业链组织情况、行业技术特点及趋势、主要竞争对手情况、创业者前期投资者等）。

（三）股权安排

股权安排体现创投实现创新的制度优势，也决定创业企业和项目的内部运营机制、激励机制、价值增值机制和退出机制。创投实践中，创投项目除了普通股还设置其他类型的股权，包括有特别投票权的普通股、可转换优先股、可转换债券和认股权证等，适用于项目不同发展阶段。

第一，当创投项目处于初创期（包括种子期），企业价值未知且当前没有盈余且与所有项目具有高度信息不对称。这种情形下，考虑红利分配和资产清偿没有意义；为了确保投资人的知情和参与重大事务决策，通常设有特别投票权普通股。

第二，当企业进入成长期（或扩张期）时，随着经营状况稳定和好转会产生红利分配，因此资产清偿优先权的可转换优先股可以帮助投资者获得未来资本增值收益。

第三，当企业进入稳定期后产生稳定现金流，商业模式得到验证并成型，组织管理体系也基本稳定。此时投资者参与董事会的权利没有实质意义，可将之前的特殊股权（特别投票权普通股和可转换优先股）转换成普通股权，以便今后转让股权时可以获得高的资本增值收益。此外，投资者可通过“附加认股权债券”形式进行投资，这种债券资本虽不能转换为股权，但可以按照事先约定的低价认购企业上市之后的股票。

（四）价值评估

创投资本进入和退出需要对投资对象进行估值。投资学的估值模型和方法很多，大致可以分为以市盈率（P/E）为核心的收益和资产估值模型和以实体现金流量为核心的折现模型和经济附加值模型（EVA）。其中，运用市盈率模型对被投资企业进行估值时，需要参考投资对象的历史运营数据。由于创投企业没有相关信息，需要参考和借鉴同行业企业业绩数据同时基于一定经营假设进行预测和分析。由于创新类和知识类创业企业具有“颠覆性”，参考行业内其他企业数据是否合理争议较大。因此，创新创业企业的估值计算和讨论具有一定学术价值和商业价值。李建良（1999）详细介绍了创投资本估值原理、方法并对比不同模型，本书不再赘述。

三、投后管理

虽然创投机构不参与创业项目的日常管理，但创投机构通过投后管理对创业企业进行价值增值和风险控制。投后管理指创投基金与被投企业签订投资协议，投资资金进入被投企业后一直到基金全部退出为止期间，创投基金以各种方式对被投企业进行监管，同时为被投企业提供各种增值服务。风险防范和增值服务是投后管理的两个重要内容（谭祖卫，2015a）。

股权投资的对象主要集中在高新技术产业，这决定了股权基金不仅要承担技术开发和市场开拓的商业风险，还要承担代理风险和信息不对称风险。但商业风险是无法完全预测的，只能通过调整和提高后续管理水平控制。在委托代理模式下，被投企业与创投机构之间存在信息不对称，在投资完成后存在道德风险，代理的风险越高，创投机构进行投后管理的程度越大。创投属于财务性投资，其投资收益直接取决于被投企业价值增值幅度，但被投资企业的优势在于实体经济领域，只通过实体经济获得的收益并不能满足创投机构的投资收益预期，股权基金可以利用自身的资本市场优势获得更多的投资收益，并在人力资源和市场开拓等方面为创业者提供一系列增值服务。

（一）投后风险分析

股权创投大多集中在科技型和知识型行业，面临一系列不确定性，因此相关风险分析在投后管理中非常重要。投后风险管理包括存量风险（即投资对象在投资前就存在的系列风险）和新增风险（即投资后由于项目公司规模迅速扩大而新带来的经营风险）。存量风险主要包括市场风险、技术风险、经济风险、管理风险以及道德风险等；新增风险主要指运营管理风险和人力资源管理风险。

（二）自省和纠错分析

股权创投与一般投资不同，投资对象和环境面临诸多不确定性，因此，即便经过尽职调查甚至初创期的商业模式验证，投资后对竞争力、消费者偏好和行为等变化的行业分析对于投后管理也非常重要。创投项目早期客户群体范围较小，进入成长期后消费者数量和结构发生变化，同时市场竞争加剧，在创新领域会出现效仿者（如共享单车）。这种情况下，企业的产品和服务可能难以满足消费者需求，因此市场分析变得非常必要和重要。虽然投资对象和创业者自身也会投入资源，但这取决于创业企业和创业者（及其团队）的自省能力和纠错机制。因此，投后管理的另一个重要内容是帮助创业者对接各类资源，建立和加强创业企业的自我学习能力，面对持续变化的行业竞争和消费市场，不断自省和自我纠错。这并不表示创投机构干预创业企业的日常运营，而是良性的参与式管理和相互间的长期学习。

（三）投后管理方法

为了了解创业者的真实运营信息，以便实施有效投后管理，创投机构既可以通过董事会直接参与经营决策并直接了解财务状况，也可以向企业派驻财务总监或项目合作方间接了解企业运营状况和评估企业的经营环境。对于初创期投资对象，创投机构可向创投对象派驻董事并通过行使董事会表决权强化投资方意愿和参与决策权。当投资对象处在成长期或稳定期，创投机构派驻董事无法起到早期效果，但创投机构可以委派财务总监或委托中介机构深入了解投资对象的经营状况。但是，这样会加剧投资者和投资对象的不信任程度，恶化双方关系，并不是投后管理的常用方法。

四、退出

当投资对象进入稳定期后，创投资本将变现股权并退出，获得相应投资收益后将资本投向成长性更高的行业和企业，实现资本的良性循环。创投行业中，退出方式包括 IPO、并购、转让、回购和清算五种方式（见上节），其中 IPO 和并购的收益率较高。IPO 被认为是理想退出方式，虽然我国于 2004 年 5 月在深圳证券交易所开通了中小企业板，但其上市标准和准入条件与主板市场差异性不大，还未真正成为为中小企业服务的二板市场，很难为处于快速成长期的创新型中小创业企业提供进入证券市场进行交易的机会。在当前制度环境下，IPO 上市很难成为创投资本的主要退出方式，股权转让操作简单，独立性强，但收益率不高。管理层收购（回购退出）虽然有助于明晰企业产权制度并强化公司激励机制，但存在企业管理层利用职务“暗箱操作”侵占投资人利益（包括国有资产）以及 MBO 企业后续发展等问题。清算退出不仅仅是创投止损的有效手段，还有助于建立积极的创业理念及失败学习的资本市场环境。创业者往往出于创业情结以及“成王败寇”的社会舆论不愿意正视自身创业项目失败，因此积极有序的资本市场和清算退出方式有助于创业者积极探索不确定性，勇于面对失败并善于从失败中积极学习并快速退出，然后投入下一个创业项目。总之，创投资本退出创投企业和创业活动是市场优胜劣汰和新陈代谢的重要内容，也是多层次资本市场的重要组成部分。目前，我国创投资本市场的退出机制仍然不完善、不通畅，已成为制约我国创新与创业的重要“瓶颈”。

第三节　创投生态和创投文化

一、创投与创新

国内外股权创投对象体现出高科技、高成长性和高不确定性等鲜明特点。随着知识经济的兴起，科学技术对经济发展的作用比以往任何时候都更加显著，知识、技术与经济的结合变得更加密切，科学物化的速度越来越快，知识、技术转化为生产力的周期越来越短。科技进步和创新一方面缓解了资源的稀缺性程度，提高资源的利用效率；另一方面使未预见利用价值的自然物成为可利用资源，不断扩展人类生产活动的可能性边界。此外，科技进步提高了生产率，带来了生产方式、生活方式、思维方式的变革，促进了经济和文化的新繁荣。

股权创投与创新之间相互促进，但两者的因果关系在学术界并没有形成共识。大量理论研究揭示创投活动提高生产率以及促进创新的机制和机理，包括创投机构对创业者的监督及指导（Hellmann，1998）、对有创新潜力活动的识别和遴选（Chan，1983）、退出获益的经济激励（Berglöf，1994）、渐入式投资（Sahlman，1990）以及适度的联合投资（Admati & Pfleiderer，1994）。但创投与创新的因果关系的实证研究结果却并不一致。例如，Hirukawa 和 Ueda（2011）通过对美国不同行业总要素生产率的增长与风险投资之间关系进行回归分析，结果表明“创投促进创新”的假说在计算机和通信行业得到验证，但在制造业行业创投额与总要素生产率的增长呈明显正相关，与滞后一年的总要素生产率增长呈负相关关系，表明创投活动兴起是由科技进步带来的。

股权创投激励创新，提供资金并促进技术创新成果产业化，同时也丰富了金融体系的多元化和多层次性。股权投资的产生和发展离不开科技创新，科技创新带来的技术垄断利润迎合了股权投资盈利模式，科技创新以及相应的知识产权促使企业快速增长，企业的成长性符合创投的中长期投资特点。此外，科技型和知识型创业企业在初创期资金短缺，由于缺乏抵押物和前期信息等，很难从传统的金融部门获取投资；而股权投资通过一系列制度和机制设计克服了由于不完全信息创新主体在创业初期的融资问题。随着创业企业发展（尤其进入成长期和稳定期），企业运营逐渐稳定，运营数据和信息披露等有助于向传统金融机构进行债权融资。股权创投是金融体系的重要组成部分，与其他金融形式相互补充和完善。

首先，股权创投有助于优化社会资源配置，促进创新。股权创投具有较强的趋利性，为了最大化利益，投资者对项目进行大量的调研、分析和筛选，这是其他组织（如政府和传统金融机构）所不具有的制度优势。其次，创投机构和天使投资人在特定行业具有创业经历，深谙企业管理和行业动态，传统机构往往不具备这些知识经验和社会资源，因此股权创投具有知识传递和新型人力资源管理功能。最后，科技型和知识型行业产品和服务具有生命周期短以及更新迭代速度快等特点，这符合股权创投“进入—孵化—退出”的运营机制，形成促进社会创新的持续动力。

二、创投和创业生态

2005 年，托马斯·弗里德曼在《地球是平的》畅销书中提到由于科技进步和商业创新，人类活动将不再受时间、距离甚至语言影响，但是，与此同时，地理和区位仍然深刻影响和决定着人类的创新活动。硅谷等区域创新现象揭示了创新活动并非独立的个体行为，而是多元主体在特定环境下的集体认知和互动；知识创新主体具有聚集效应和集群特征，地理和区位是创新创业的决定因素（Morgan，2004）。地理和区位是创新创业的外部环境，影响创新活动社会网络、制度安排以及知识外溢（Acs et al.，2009；Harhoff，1999）。更有学者较为激进地认为地理和区位异质性并不是外生的，所有创新创业活动本身是地理和区位的结果（Andersson，2005）。由此可见，创新和创业与外部环境及其特征紧密相关。

我国政府也认识到创业生态的重要性，尝试了各种组织模式。我国政府和社会较早认识到创业环境和生态是国家创新体系的重要组成部分，也是区域创新体系的重要核心内容。因此，政府早期鼓励、大力支持高新技术创业服务中心和科技企业孵化器等形式作为促进科技成果转化、培养高新技术企业和企业家为宗旨的科技创业服务机构。这一阶段的创业生态主要侧重于创业条件（如物业办公条件、设备等）和创业服务（如工商注册、法律顾问以及决策咨询等）。

随着创新创业成为国家战略，社会各界对创业生态有了更加深入的认识。创业生态指创投和创业主体之间及其内部相互识别和互动的网络、协同环境以及资源与能力的集合，其中创投是创业过程中实现创新的各种资源整合与集中的“黏合剂”和“催化剂”。因此，在双创背景下，“众创空间”等新型创业生态组织模式逐渐兴起并发挥着重要作用，对接创业者和创投资本成为创业生态的重要内容①。除了对接创投资本，创业生态还同时具有教育和科研功能，与高校科研机构具有较强的互补性和协同创新。

三、创投文化

文化是特定人群相互交往、相互影响的人类全部精神活动过程及其

① 国内互联网企业 BATJ（百度、阿里巴巴、腾讯和京东）分别以不同方式投资建设创业生态，以寻求突破企业的经营边界以及“企业内创业”。其中腾讯众创空间在北京、深圳等地布局探索联合办公、创投资本和创业孵化等新型创业生态建设。

产品，是由特定群体的思维和行动模式集合形成同时个体自觉遵守的行为模式。以马林诺夫斯基为代表的人类学功能学派认为，文化及其变迁的本质是社会秩序，包括组织、信仰、知识以及工具发生改变的过程；文化稳定是相对的，变化发展是绝对的；文化的重要特征在于其约束性，个体通过这种约束所表现出的行为特征。因此，文化具有广泛性和差异性，体现群体思维和个体认知，具有继承性和稳定性。

股权创投是在高不确定性下人类探索未知的认知与行动（见第一章），因此，契约与信用既是机制设计，也是文化特征。契约精神是在股权基金运行过程中表现的一种自由、平等、守信的精神，契约精神包括四个重要内容：契约自由、契约平等、契约信守、契约救济（迈克尔·莱斯诺夫，2012）。其中，契约自由和平等是契约精神的核心，契约主体在缔约时地位是平等的，缔约双方平等地享有权利履行义务，互为对待给付，无人有超出契约的特权。与此同时，为了达到契约的平等精神，违背契约者将受到制裁，受损害方将得到救济。信守精神要求在订约时不欺诈、不隐瞒真实情况、不恶意缔约并履行契约，同时保留必要和足够的善良和同情心。股权创投的本质是资源和资本拥有者将资源和资本委托他人（基金管理人和创业者），通过股权合作挖掘和利用委托人的特有资源（智力、知识和经验），这是一种基于契约机制的信用合作，具有较强的文化特征。

创投具有较高的风险性，需要进行科学、合理和适度监督，因此创投文化具有较强的约束性。作为私募股权资本，资金筹集有监管要求，不得向合格投资者之外的任何机构或个人募集资金，不能公开向公众进行推介。市场进入阶段，需要对投资人和基金管理人进行信息备案，以便建立信用档案以及风险控制。基金托管阶段，要求基金管理人和项目投资对象披露公开重大事件和部分信息，要求对投资者的风险识别能力和承担能力进行评估，或者委托第三方对基金存在的风险进行评估，确认投资者资金来源合法。投资阶段，不能向投资者承诺资本不受损或者承诺最低收益。与此同时，行业协会也制定行业自律和规则，规范行业内部行为并进行纠纷调解。总之，科学、合理和适度监管体现了创投文化的强制约束和自律约束。

信誉机制是创投文化的准市场化手段。信誉指依附在经济组织和商品交易之间形成的相互信任的生产关系和社会关系。信誉构成了经济组织和商品交易之间自觉自愿的反复交往，消费者甚至愿意付出更多的钱来延续这种关系。股权创投活动中，投资人和管理人之间表现出这种关系，管理人的信誉是一种无形的资产，不但能给自己带来收益，还可以给投资者带来收益；同等专业技能水平的管理者中，投资管理记录良好且信誉优良的管理者可以获得更多机会并获得高额报酬。与此同时，创投基金和机构的信誉也很重要，投资记录卓越同时有声望的个人和机构投资者更容易吸引优质创投项目。

信任精神是股权投资文化的非市场基础。由于市场交易过程信息不完全、不对称，契约无法针对所有不确定情形制定相应条款，因此，信任是不完全信息和不完全契约市场秩序的治理机制（Kollock，1994）。创投属于私募股权，投资方、基金管理人和创业者之间私下进行交易，信息不对称问题非常突出。如果缺乏信任，股权创投的双层委托—代理交易费用非常高。

总之，股权创投文化在我国尚未成型，目前仍处于萌芽阶段。股权和创投文化历史悠久，国外学者普遍认为来自欧洲大航海时代以及海外殖民过程（见第一章）。我国商业文明源远流长，但针对股权投资的历史学研究还非常匮乏。创投生态和创投文化具有一定路径依赖和情境特征，相关领域的历史学研究有助于提升我国创投、创业和创新的文化自信并更好地指导实践，同时丰富股权和创投理论。

四、创投、创业和创新的法律法规及政策环境

如上所述，创投文化具有并体现出较强的约束性，相关法律法规对

创投活动及其制度安排的影响是决定性的。我国股权创投的发展历程比较短，相关法律法规和政策相对滞后且缺乏针对性和连贯性，同时相互之间缺乏一致性和协调性。与此同时，其他法律法规和政策（如税收政策、创新创业及相关）影响创投活动的外部环境。针对法律法规等具体内容及其讨论不是本书重点，同时现有研究已进行了较充分的讨论（刘健钧，2004；谭祖卫，2015b），本书通过表 2－1 汇总梳理了我国相关领域的法律法规和政策，并摘要重点。

创投、创业和创新的法律法规及政策环境大致分为三类。

首先，创投行业相关法律法规。目前我国创投机构的组织形式多种多样（见前节），主要遵循《公司法》、《合伙企业法》和《信托法》。此外，《私募投资基金监督管理暂行办法》（以下简称《暂行办法》）是针对行业的重要法律规制。针对《暂行办法》的缺陷和不足，有关部门目前正在制定和讨论《私募投资基金管理暂行条例（征求意见稿）》，旨在整理和整合当前私募股权和创投行业的众多法律法规和规范性文件，协调部门利益，确保法律法规的完整性、一致性和公信力，避免“政出多门”带来的制度约束①。

其次，政府引导基金和产业基金。2008 年 10 月 18 日，为了贯彻和实施国务院《国家中长期科学和技术发展规划纲要（2006～2020 年）》，国家发展改革委、财政部和商务部联合发布《关于创业投资引导基金规范设立与运作的指导意见》（国办发〔2008〕116 号，以下简称《指导

---

① 我国私募股权和创投行业的法律法规和规范性文件可概括为“一法三规五办法三指引”，即《证券投资基金法》（“一法”）；《私募投资基金监督管理暂行办法》、《证券期货经营机构私募资产管理业务运行管理暂行规定》、《证券期货投资者适当性管理办法》（“三规”）；《私募投资基金登记和备案管理办法》、《私募投资基金募集行为管理办法》、《私募投资基金信息披露管理办法》、《基金从业资格考试管理办法（试行）》、《私募投资基金服务业务管理办法（试行）》（“五办法”）；《私募投资基金合同指引》、《私募投资基金管理人内部控制指引》、《基金募集机构投资者适当性管理实施指引（试行）》，以及中国证券投资基金业协会《私募基金等级备案相关问题解答》。这些文件出自不同部门和背景，相互之间有衔接，也有重复和冲突。因此，国家亟须出台权威性文件，对当前的政策法规进行协调和系统化，提高法律法规的权威性、科学性和全面性。

意见》)。《指导意见》将引导基金定性为市场化运作的政策性基金，宗旨是提高财政基金杠杆效应，但受彼时科技成果转化的政策背景以及对“风险投资”的片面认识，该文件没有体现股权资本以及知识型创投和创业。2011 年 8 月 17 日财政部和国家发改委在产业政策刺激的大背景下出台《新兴产业创投计划参股创业投资基金管理暂行办法》，虽然该文件延续了政府主导产业政策发展路径，但在引导模式上强调了股权投资方式以及政策引导基金参股模式。农业领域被长期认为属于传统领域因而较少参与国家层面的新兴产业创投计划和创业投资基金，但随着传统产业链及要素的跨界组合，政府与民间资本合作在农业领域越来越活跃。2016 年 12 月 6 日，发改委和农业部发布《关于推进农业领域政府和社会资本合作的指导意见》（发改农经〔2016〕2574 号，以下简称《指导意见》)。但是《指导意见》仍然基于其他行业公私合营的 PPP 模式和《招标投标法》框架，没有体现股权概念及引导基金治理方式。

最后，创新、创业以及创业教育。2013 年 10 月国务院常务会议中，国务院总理李克强强调“调动社会资本力量，促进小微企业特别是创新型企业成长，带动就业，推动新兴生产力发展”，成为国家创新驱动战略的前奏。2014 年 9 月召开的夏季达沃斯论坛开幕式上，李克强总理正式提出在中国掀起“大众创业、万众创新”浪潮，掀开“双创”序幕。据经济参考网（2015）和中国政府网（2015）统计，2013 ~ 2015 年，国务院共出台创新创业相关文件 24 份，中央到地方政府陆续出台一系列优惠政策和规范性文件，其中包括 2015 年《关于深化高等学校创新创业教育改革的实施意见》（以下简称《教育改革实施意见》)。针对创新创业教育理念滞后、与专业教育结合不紧、与实践脱节、教师开展创新创业教育的意识和能力欠缺、教学方式方法单一、实践平台短缺等问题，《教育改革实施意见》明确提出将创新创业教育质量作为衡量办学水平、考核领导班子的重要指标，纳入高校教育教学评估指标体系和学科评估指标体系，并引入第三方评估。2016 年 11

月，为了激活高校科研机构的创新活力，中共中央办公厅和国务院办公厅发布《关于实行以增加知识价值为导向分配政策的若干意见》，试图纠正由于体制和机制问题对教育和学术机构的束缚，实施以增加知识价值为导向的分配政策，进一步发挥科研项目资金的激励引导作用，加强科技成果产权对科研人员的长期激励。2017 年 7 月 27 日，国务院发布《2017 年关于强化实施创新驱动发展战略进一步推进大众创业、万众创新深入发展的意见》（国发〔2017〕37 号，以下简称《2017 年意见》）。《2017 年意见》主要目的是对全国创新创业实践的总结，纠正各级政府各类政府主导“双创”的越位，明确提出政府的职能是“优化创业和创新的生态环境”；《2017 年意见》同时提出加快科技成果转化、拓展企业融资渠道、完善人才流动激励机制以及创新政府管理等政策领域和措施。

表 2－1　我国创投、创业与创新相关法律法规和政策规范文件

颁布时间及部门来源	法律法规和政策	核心内容
Ⅰ. 创投行业相关法律法规和政策		
2006 年 8 月 27 日；第十届全国人民代表大会常务委员会第二十三次会议通过修订	《合伙企业法》修订	• 规范合伙制股权基金设立 • 规范基金内部治理
2013 年 12 月 28 日；全国人民代表大会常务委员会第六次会议通过修订	《公司法》修订	• 规范公司制创投机构的设立条件 • 规范公司制创投机构的内部治理
2014 年 6 月 30 日；中国证券监督管理委员会第 51 次主席办公会议审议通过	《私募投资基金监督管理暂行办法》	• 规定和细化私募基金管理人的登记条件、合格投资者标准、基金宣传推介、基金备案、从业人员管理等法律 • 但是证监会监管的法律身份不够明确

续表

颁布时间及部门来源	法律法规和政策	核心内容
Ⅰ. 创投行业相关法律法规和政策		
2016年9月20日；国务院国发〔2016〕53号	《国务院关于促进创业投资持续健康发展的若干意见》	• 明确创投是“双创”的重要内容和推动力量 • 加强创投资本与政府的联动 • 建议由发改委和证监会牵头，推动《私募投资基金管理暂行条例》尽快出台，完善创投资本的适度监管
2017年4月28日；财政部和国家税务总局	《关于创业投资企业和天使投资个人有关税收试点政策的通知》	• 投资满两年的创投企业按投资额70%抵扣应缴所得税 • 调整研发费用总额占成本费用支出的比例计算方法和税收优惠，鼓励研发投入
Ⅱ. 引导基金、产业基金以及政府民间社会资本合作		
2008年10月18日；发展改革委、财政部、商务部（国办发〔2008〕116号）	《关于创业投资引导基金规范设立与运作的指导意见》	• 为贯彻国务院关于实施《国家中长期科学和技术发展规划纲要（2006~2020年）》 • 将引导基金定性为市场化运作的政策性基金，宗旨是提高财政基金杠杆效应；创投与创新和知识型创业的联系没有明确和突出 • 提出参股、融资担保和跟进投资的基金引导方式，其中限制跟进投资使用条件
2011年8月17日；财政部和国家发展改革委（财建〔2011〕668号）	《新兴产业创投计划参股创业投资基金管理暂行办法》	• 明确了国家的重点战略领域，对引导基金投资范围进行了规划 • 就中央和地方政府资金参股基金引导模式提出具体规定和细则
2016年12月6日；发改委和农业部（发改农经〔2016〕2574号）	《关于推进农业领域政府和社会资本合作的指导意见》	• 明确农业领域政府和社会资本合作（PPP）的重点领域、项目管理和政策支持和组织保障等 • 虽然没有明确积极发挥股权创投作用，但是鼓励创新金融服务与支持方式

续表

颁布时间及部门来源	法律法规和政策	核心内容
Ⅲ. 创新、创业与创业教育		
2015年5月13日；国务院办公厅（国办发〔2015〕36号）	《关于深化高等学校创新创业教育改革的实施意见》	• 针对创新创业教育理念滞后、与专业教育结合不紧、与实践脱节、教师开展创新创业教育的意识和能力欠缺、教学方式方法单一、实践平台短缺等问题，提出创业教育的指导思想、基本原则、总体目标和主要任务 • 将创新创业教育质量作为衡量办学水平、考核领导班子的重要指标，纳入高校教育教学评估指标体系和学科评估指标体系，并引入第三方评估
2015年6月16日；国务院国发〔2015〕32号	《国务院关于大力推进大众创业万众创新若干政策措施的意见》	• 明确“双创”的战略意义、总体思路、体制机制、财政金融政策、创投资本以及创新和创业生态建设
2016年11月；中共中央办公厅、国务院办公厅	《关于实行以增加知识价值为导向分配政策的若干意见》	• 实施以增加知识价值为导向的分配政策，充分发挥收入分配政策的激励导向作用 • 进一步发挥科研项目资金的激励引导作用，加强科技成果产权对科研人员的长期激励，允许科研人员和教师依法依规适度兼职兼薪
2017年7月27日；国务院国发〔2017〕37号	《关于强化实施创新驱动发展战略进一步推进大众创业、万众创新深入发展的意见》	• 优化创业和创新的生态环境 • 提加快科技成果转化、拓展企业融资渠道、完善人才流动激励机制以及创新政府管理等政策领域和措施

第三章

国内外股权创投发展：历史及现状

本章回顾国内外股权创投行业的发展演变，重点介绍我国创投行业的基本特征及动态变化，整理现有资料，介绍中外农业领域创投活动的规模及变化。

本章核心观点和发现摘要如下。

（1）创投行业与科技进步和创新密切相关，其发展受综合政策环境影响，涉及企业法、税收政策、证券金融、社会保障以及产业政策等，因此创投行业相关法律法规和政策是国家对创新能力进行制度供给的集中体现。

（2）我国创投行业发展划分为四个阶段：萌芽期（1995～1997年）、兴起期（1998～2001年）、调整期（2002～2012年）和成长期（2013年至今）。我国创投行业的发展一方面受宏观经济影响，另一方面与政策法规高度“共振”，体现了较强的政府意志；有争议的翻译形式（如“风险投资”和“产业基金”等）以及个别不规范行为对行业发展带来一定不利影响，制度供给的系统性、连续性和一致性有待完善。

(3) 与国外相比，我国股权创投行业的资本来源渠道及结构较为单一，主要以实业企业和政府投入为主，商业银行、保险以及社保等金融组织参与率不高，弱化了多层次资本市场对创新和创业的驱动。

(4) 从投资对象的成长阶段看，国内外趋势基本一致。针对创业项目初创期的天使投资比例上升，创投机构间的资本联合以及渐入式“复轮”投资趋势明显。

(5) 我国创投项目退出的方式主要以转让和回购为主，IPO 和并购比例较低，弱化了创新要素的价值增值和流动性。这一方面体现了我国资本和金融体系的结构性问题，另一方面也与创业者的创业理念以及商业文化有关。

(6) 虽然我国股权创投在农业领域增长迅速，但比例仍然低于发达国家并体现出较强的波动性。

(7) 当前我国股权创投管理机构和行业协会对投资对象的行业定义和统计口径过粗，缺乏二级明细及关键词信息等，无法体现现代农业的产业跨界和产业融合，限制了科学研究农业创投的特征、变化及一般规律。

第一节 国内外股权创投：历史及现状

一、美国股权创投的发展历程

美国是全球私募股权投资发展最快也是最发达的国家。根据 PEI（Private Equity International）统计，2009～2014 年全球规模最大的 300 家 PEI 投资公司（PEI300）的募资额达 7.42 万亿美元，其中 60% 以上为美国公司。同期规模最大的 10 家私募基金公司中有 9 家均为美国公司。美国私募股权资本主要源于养老基金、保险基金、金融机构、捐赠基金等机构投资人，股权基金的管理模式主要以有限合伙为主，市场监管由证监会负责，股权基金是美国多元化、多主体、多层次金融体系中的重要内容。在经济全球化背景下，美国股权资本投资范围扩张到全球各个地区。

20 世纪 40 年代，在经历两次世界大战后并开始经济重建和恢复背景下，美国掀起了创业热潮。麻省理工学院（MIT）校长 Karl Compton 和哈佛商学院教授 Georges Doriot 于 1946 年 6 月合作创建了“美国研究与开发公司”（American Research and Development Corporation，ARDC）。通过向少数投资者募集资金，以有限合伙形式成立“集合投资、专家管理”的投资基金，从此掀开了现代股权创投的序幕。

美国中小企业支持政策推动了股权创投的进一步发展。1958 年，美国颁布了《小企业投资法》，明确了中小企业及投资公司的法律保障和政策支持，自此中小企业投资公司发展迅速，1959～1963 年成立了 692 家（刘健钧，2004）。制度创新、宽松的环境以及法律保障成为推动美国创投行业发展的重要因素，同时对美国经济增长和技术创新做出了巨大贡献。有限合伙制公司形式的出现和设立有效地突破了政策法律障碍，逐步成为创投基金的主流形式。1973 年全美私募股权投资协会（American Venture Capital Association，AVCA）宣告成立，标志股权创投在美国发展成为一个独立的新兴行业。

1973～1981 年，美国股权创投行业经历了挫折和调整。1965～1974 年，美国股权创投的规模快速增长（见表 3－1），但自 1974 年起增速放缓，这与新股发行市场的动态性保持一致。20 世纪 60 年代末美国新股发行市场快速增长并于 1972 年创历史新高，但自 1973 年后 IPO 迅速下降至谷底。经济衰退和股市不振使得投资公司失去活力；加之 1969 年政府对资本得利转股票期权进行课税，创投行业受影响严重。与此同时，美国劳工部限制养老基金资产股权投资有限合伙制股权投资基金，影响了一般合伙人募集养老基金资金的积极性。直到 1977 年，创业企业资本问题及重要性重新被学界和政界认知，《雇员退休收入保障法》和《证券法》等相关法律法规被重新修订，为股权创投提供宽松的政策环境。为了鼓励私募股权发展，美国联邦政府降低了资本所得税，并且对《雇员退休收入保障法》中关于养老基金投资的“谨慎”条款做出新的解释：在不影响到养老基金整个投资组合安全性的前提下，允许养老基金作为创投基金投资于创业发行的股票，从而极大地激励了一般合伙人募集养老基金的资金从事股权创投（刘健钧，2004）。

1980～1989 年，美国股权创投迎来了“黄金十年”。1980～1984 年内，投资项目总数 5365 例，是 1975～1979 年的 4 倍，与上五年相比增长率达到 328%；投资总金额更是达到 152.61 亿美元，是前五年的近 7 倍之多，与上五年相比增长率达到 576%。1985～1989 年，投资数量持续快速上升，创投数量已经达到 8154 例，投资金额增长较之前略有放缓但年均增长率仍维持在 100% 以上。

表 3-1 美国创投行业发展及变化（1965~1996）

年份	投资项目数（个）	项目较上年增长（%）	项目投资总金额（百万美元）	金额较上年增长（%）
1965~1969	302	—	687	—
1970~1974	847	180	1935	182
1975~1979	1253	48	2259	17
1980~1984	5365	328	15261	576
1985~1989	8154	52	30742	101
1990~1996	9406	15	37162	21

资料来源：Gompers 和 Lerner（1999）。

这一阶段美国股权创投的快速增长得益于股权创投运营机制创新及相关法律法规对天使投资的支持。早期创投基金主要投资于成长期和扩张期的企业，通过分阶段多轮投资和联合投资等方式有效地进行风险管理；对于种子期和初创期的创业企业，由于风险较高，创投基金和机构的积极性不高，因此创业者面临资金短缺问题。由于天使投资者在相关领域具有丰富的管理经验和风险控制能力，通过对种子期的初创企业进行股权投资以及对创业者进行指导，能获得丰厚的经济回报，同时赢得创业者和社会的尊重和认可。因此，20 世纪 80 年代起，专门针对初创企业的种子基金和天使投资基金在美国逐渐兴起，政府部门也积极参与，发起了专门投资于初创企业的战略重组基金，有效地繁荣了美国经济的创新活力并推动了经济结构调整。

进入 20 世纪 90 年代，美国股权创投进入停滞期。1990~1996 年，美国经济经历短暂衰退和复苏，创投规模虽然继续上升，但增速放缓，年均增长率只有 15%。其间，创投的社会需求减弱，大量股权基金机构投资者出现资产质量问题，创投行业出现滑坡。为了刺激创投行业发展并带动美国经济走出衰退，美国政府对 20 世纪 50 年代制订的“小企业投资公司计划”进行了一系列的改革，旨在刺激股权投资基金和机构复兴。1992 年国会通过《小企业股权投资促进法》，并于 1994 年实施。此次法案修订缓解了“小企业投资公司计划”的制度约束，同时提出了“参与证券计划”；中小企业管理局以政府信用为基础，为那些从事中小企业股权类投资的投资基金发行长期债券提供担保，而且长期债券自然产生的定期利息也由小企业管理局代为支付，只有当小企业投资公司实现了足够的资本增值后才一次性偿付债券本金，并一次性支付小企业管理局 10% 左右的收益分成。通过“参与证券计划”，美国中小规模的创投基金和机构的资本金得以长期化和稳定化，直接促进了科技型和创新型中小企业的发展（刘健钧，2004）。

自 2000 年后，美国创投市场进入稳定期。2001 ~ 2015 年，美国创投市场平均年投资项目 3800 多个，年投资额 307 亿美元，平均每个项目投资额约为 800 万美元（见表 3 -2）。近些年随着美国经济低迷，创投行业出现下降，全球创投的中心逐渐转向中国等新兴发展中国家。

表 3 -2　美国创投行业发展及变化（1996 ~ 2015）

年份	投资项目数（个）	项目较上年增长（%）	项目投资总金额（百万美元）	金额较上年增长（%）
1996	2635	38.9	11285	40.8
1997	3232	22.7	15072	33.5
1998	3744	15.8	21562	43.1
1999	5605	49.7	54909	154.7
2000	8041	43.5	104998	91.2
2001	4596	-42.8	40939	-61.0
2002	3217	-30.0	22203	-45.8
2003	3037	-5.6	19682	-11.4
2004	3236	6.6	22852	16.1
2005	3302	2.0	23245	1.7
2006	3896	18.0	27865	19.9
2007	4233	8.6	32105	15.2
2008	4206	-0.6	30436	-5.2

续表

年份	投资项目数（个）	项目较上年增长（%）	项目投资总金额（百万美元）	金额较上年增长（%）
2009	3170	-24.6	20334	-33.2
2010	3677	16.0	23530	15.7
2011	4050	10.1	29908	27.1
2012	3991	-1.5	27664	-7.5
2013	4295	7.6	30305	9.5
2014	4442	3.4	50843	67.8
2015	4380	-1.4	59066	16.2

资料来源：NVCA-2016。

二、我国股权创投的发展历程

结合并参考其他学者观点（徐晓玮，2007；成思危，2008；杨芳，2008），本书将我国创投行业发展划分为四个阶段：萌芽期（1995～1997年）、兴起期（1998～2001年）、调整期（2002～2012年）和成长期（2013年至今）。1985年境外投资者开始向境内企业进行投资，同时改革开放后大批学者出国进修，学习并研究了美国等发达国家的股权投资及其对技术创新和科技成果转化的推动作用。随着中国特色社会主义市场经济建设逐渐成形，居民储蓄存款数量庞大，证券市场日趋成熟，技术、财务和法律等咨询服务业快速成长，形成了大批素质较高的企业管理者，大量科研成果有待转化。这些有利条件成为股权创投发展的“温床”，创投在我国快速发展。据相关研究统计（成思危，2008），1998～2001年，中国创投机构数从38家上升到246家。2002～2012年，随着世界经济发展减缓，国际创投市场开始退潮，我国中央和地方政府开始反思和总结经验教训，逐渐完善国内相关法律法规，我国创投行业进入调整期。2013年后，新一代互联网经济、消费经济和共享经济等新兴产业极大地繁荣了市场经济并推动了经济增长，同时国家将创新和创业作为国家战略，股权创投迎来了新的发展机遇并进入理性成长期。

我国股权创投的早期发展和波动性一方面受宏观经济影响，另一方面与政策法规高度“共振”。如表 3－3 所示，1985～1995 年，我国创投项目总计 151 项，年均项目数 15 项；1996～1998 年，基本维持该趋势。20 世纪 80 年代世界经济进入新技术变革，而我国企业技术落后和资金短缺现象极为严重，国民经济和社会发展迫切需要切实措施来克服企业面临的资金和技术困境。随着改革开放和中国特色市场经济建设，股权创投首先在发达地区进行了试点。1985 年 3 月，中共中央在《关于科学技术体制改革的决定》中明确提出允许以创业投资的方式支持具有较高风险的高新技术企业发展，成为股权创投最早的政策依据和保障，并由此拉开了中国股权创投发展的序幕。同年，财政部与原国家科学技术委员会共同出资成立了中国首家创业投资公司（中国新技术创业投资公司），专门从事高新技术企业投资。与此同时，地方政府也纷纷效仿中央，成立了创业投资公司并对国有企业进行投资以促进其发展。进入 20 世纪 90 年代后，创投市场及其重要性受到中央高度重视，1991 年国务院颁布了《国家高新技术产业开发区若干政策的暂行规定》，允许高新自主成立创业投资公司，用于支持高新技术产业发展。1995 年和 1996 年，国务院通过《关于加强科技进步的决定》等一系列文件反复强调发展科技风险投资基金的重要性。1997 年，国务院组织七部委成立了“国家创业投资机制研究”小组，从此将创投发展正式提升到国家战略层面。

在互联网经济和知识经济对世界经济的强劲拉动影响下，股权创投逐渐出现在我国公共媒体上，逐渐被社会大众了解、接受和参与。1998 年 3 月，全国政协九届一次会议期间，民建中央提交了《关于尽快发展中国风险投资事业的提案》（被列为当年全国政协一号提案，以下简称《民建两会提案》），明确建议把促进风险投资作为推动高新技术产业发展的基本政策，将股权创投发展推向高潮。

表 3-3　我国创投机构发展及变化（1985~2016）

年份	投资项目数（个）	项目较上年增长（%）	项目投资总金额（百万美元）	金额较上年增长（%）
1985~1995	151	—	2233	—
1996	16	—	103	—
1997	19	18.8	181	76.1
1998	15	-21.1	137	-24.1
1999	47	213.3	478	247.6
2000	103	119.1	857	79.4
2001	94	-8.7	2171	153.3
2002	95	1.1	513	-76.4
2003	177	86.3	1367	166.3
2004	253	42.9	1750	28.0
2005	228	-9.9	1583	-9.5
2006	324	42.1	2317	46.3
2007	440	35.8	3950	70.5
2008	607	38.0	4800	21.5
2009	477	-21.4	3067	-36.1
2010	817	71.3	5950	94.0
2011	1505	84.2	13683	130.0
2012	1071	-28.8	7667	-44.0
2013	1148	7.2	6683	-12.8
2014	1917	67.0	17305	158.9
2015	3445	79.7	21556	24.6
2016	3683	6.9	21883	1.5

资料来源：2002 年之前数据来源于 Liu（2015）；2003~2016 年数据来源于《清科研究中心 2016 年年度报告》。

《民建两会提案》成为我国股权创投早期发展的助推器。1999 年 3 月，科技部联合七部委颁布了《关于建立风险投资机制的若干意见》，允许风险投资机构通过建立风险基金和融资担保基金等方式支持高新技术企业发展，明确将中小企业作为重点扶持对象。同年 8 ~ 12 月，国务院先后颁布了《关于加强技术创新，发展高科技，实现产业化的决定》和《关于建立风险投资机制的若干意见》，就建立股权投资机制做出明确指示，全面概括了中国发展股权投资的意义、目的、原则以及实施办法，成为我国股权创投发展的框架性和纲领性文件。深圳、北京等地方政府基金响应中央号召，提出一系列促进股权创投发展的政策措施，全国呈现出星火燎原的发展趋势。1997 年，中国创投机构仅有 51 家，2000 年迅速上升到 223 家；1999 年创投项目共计 47 项，投资金额 4. 78 亿美元，2000 年创投项目 103 项，投资额为 8. 57 亿美元。与此同时，股权创投主体逐渐多元化，除了政府资本，社会民间资本与国际资本也积极参与其中。1999 ~ 2000 年，北京创业投资协会、深圳创业投资同业公会以及上海市创业投资企业协会等相继成立，标志着我国股权创投的行业平台以及政府监管平台基本成型，中国股权创投进入成长期。

受世界经济以及我国证券市场波动影响，我国股权创投市场自 2002 年转入低迷随后进入调整阶段。2001 年受美国互联网泡沫破裂影响，中国资本市场的各类股指拦腰折半，我国创业板市场也受到冲击，影响了创投资本的正常退出和增值。与此同时，受 1997 年亚洲金融危机影响，部分早期创业企业的盈利能力尚未完全恢复，创投资本面临短期内无法快速实现增值但退出受阻，被固化在盈利能力较弱的创业企业中而陷入困境。2002 年，我国创投总额降至 5. 13 亿美元。

为摆脱困境，中央和地方开始清理整顿股权创投市场，总结相关经验教训，同时出台了一系列制度文件。2004 年，深交所推出中小企业板市场，既为创业企业获取和整合资源提供平台，也为创投机构资本增值与退出开辟新渠道，有效地促进了创投市场的恢复与发展。2004 ~ 2006 年，全国创投项目案例数及金额都保持稳定的增长状态。与此同时，中央和地方开始总结经验教训，探索适合我国国情的创投发展路径及相关法律法规保障。2005 年 11 月，国家发改委联合十部委共同颁布了《创业投资企业管理暂行办法》，允许政府设立创业投资引导基金，引导规范创业投资公司的投资行为并形成示范效应。2006 年 2 月，国务院颁布《实施〈国家中长期科学和技术发展规划纲要（2006 ~ 2007 年）〉的若干配套政策》，将“加快发展创业风险投资事业”和“建立支持自主创新的多层次资本市场”纳入到国家科技发展战略，为加快发展股权创投行业提供了制度和政策保障。同年，证监会出台相关文件，允许中关村科技园区试点试行非上市公司股份代办转让系统，拓宽了创投资本的交易和退出渠道。2009 年，孕育十年的创业板市场在深交所正式推出，为创业企业发展和创投资本增值与退出开辟了新路径，在中国股权创投发展史上具有里程碑式意义。

2013 年至今，在“大众创业、万众创新”的背景下，我国股权创投迎来了新的发展机遇。2013 ~ 2016 年，我国创投项目数量从 2013 年的 1148 项增长到 2016 年的 3683 项；投资金额也由 66.83 亿美元上升到 218.83 亿美元。与此同时，为了进一步规范股权创投市场，国家发改委分别于 2011 年 1 月和 11 月出台了《关于进一步规范试点地区股权投资企业发展和备案管理工作的通知》和《关于促进股权投资企业规范发展的通知》，加强对创投市场的规范性要求和管制。

总之，我国股权创投的早期发展体现了较强的政府意志，有争议的翻译形式（例如“风险投资”和“产业基金”等）以及局部不规范实践对行业发展带来一定不利影响，制度供给的系统性、连续性和一致性相对较弱。与此同时，学术界针对股权创投的研究不够深入，相关课程设置大多集中在商学院，未能与创新和创业教育有机结合，限制了专业技术人员全面系统了解股权创投的本质、原理及实践，客观上阻碍了科技成果转化和商业化。本书将在第六章“创新创业教育”部分展开相关讨论。

第二节　我国股权创投行业发展及现状

一、我国股权创投基金和企业

股权创投的"备案制"推动了我国创投行业的发展。由于缺乏监管手段和科学监管理念，我国早期创投市场面临较多的行政审批和审查，阻碍了创投行业的发展。为了规范创投市场，我国自2005年开始实施《创业投资企业管理暂行办法》，对投资企业进行备案管理，依法完成备案的投资企业，投资运作符合有关规定的可享受政策扶持。2006年是《创业投资企业管理暂行办法》发布实行后的第一年，全国备案投资企业达到112家（见表3-4）。2007年2月，财政部和国家税务总局联合发布《关于促进创业投资企业发展有关税收政策的通知》后，同年和次年新设立投资企业数量实现较快增长；2007年和2008年备案的投资企业达到87家和139家。2009年10月，我国创业板开通，极大地激励了股权创育投资行业的活力，全年新备案创投机构206家，且增长持续到2012年。

2013年6月，中央编办印发《关于私募股权基金管理职责分工的通知》（以下简称《通知》），对私募股权基金管理职责重新分工。《通知》规定由证监会负责私募股权基金的监督管理，实行适度监管，保护投资者权益；发展改革委负责组织拟定促进私募股权基金发展的政策措施，会同有关部门研究制定政府对私募股权基金处置标准和规范。由于对《通知》理解不清，部分投资机构认为只需要到证监会进行监管备案，不需要到发展改革委进行发展备案和年检。于是2013~2015年备案的新增创投企业数量增速放缓。与此同时，资本市场面临短暂低迷，加之证监会暂停了 IPO，股权创投行业进入理性调整期。

表 3-4 2006～2015 年全国创投机构数量及其变化（个）

年份	年度新增	年度退出	年末总数	较上年增长（%）
2006	112	0	112	—
2007	87	0	199	78
2008	139	2	336	69
2009	137	2	471	40
2010	206	17	660	40
2011	253	4	909	37
2012	227	41	1095	20
2013	175	35	1235	13
2014	97	39	1293	5
2015	80	17	1356	5

资料来源：《中国创业投资行业发展报告 2016》。

除了市场进入，创投机构的退出也趋于市场化。自 2006 年以来，因存续期满、业务转型、变更注册地点、注册资金不到位及投资运作不符合十部委办法等原因而注销备案的共 157 家，其中大部分退出案件发生在 2012 年及之后（见表 3-4）。仅 2012 年退出的创投机构达 41 家，2014 年退出 39 家。2015 年退出机构数开始下降，这表明在政府政策的推动下，我国股权创投行业开始再度活跃。随着行业规范和公共治理平台的发展，股权创投基金和企业进入退出趋于市场化，良性的市场秩序、自律规范以及道德准则正在逐步形成。

随着股权创投行业发展，我国创投机构的资产规模也发生了相应变化。如表 3-5 所示，2006 年末全国创投机构资产规模只有 49.58 亿美元，2015 年末增长为 784.21 亿美元，10 年内年均增长率 150%（以 2005 年为基期）。采用环比统计方法，2006～2011 年股权基金企业资产规模（较上年）增长较快，之后增速放缓，与创投市场变化和趋势一致。

表3-5 2006~2015年全国创投机构资产情况（百万美元）

年份	年度新增	年末减少	年末	较上年增长（%）
2006	4, 958	0	4, 958	—
2007	3, 489	0	8, 447	70
2008	2, 977	3	11, 421	35
2009	4, 796	40	16, 176	42
2010	10, 853	281	26, 747	65
2011	11, 658	48	38, 357	43
2012	9, 887	797	47, 447	24
2013	8, 122	627	54, 942	16
2014	10, 535	1508	63, 969	16
2015	15, 286	833	78, 421	23

资料来源：《中国创业投资行业发展报告2016》。

二、创投机构的资本来源及结构变化

我国创投机构的资本来源渠道相对单一，主体不够多元化。如表3-6所示，实业企业、政府财政资金和私人资本是我国创投机构的主要资本来源，其中政府财政资金和私人资本投入逐年增加，占比由2006年的40.81%上升到2015年的51.92%。与此同时，实业资本投入呈下降趋势，从2006年的59.08%下降到2015年的45.76%。保险公司和银行出资占比依然很低且没有显著变化。随着证券市场逐渐完善（尤其是创业板的设立），证券公司对股权创投基金的资本投入将逐渐增加。

国外股权创投机构的资本来源相对多元化，机构投资者非常活跃。以美国为例，股权创投机构的资本来源中养老基金占比从1980年的30%上升到2000年的40%，商业银行和保险公司投资占比由3%上升到23%（见表3－7）。与此同时，个人投资者比例下降到12%，实业企业资本投入占比由19%下降到4%，个人或政府捐赠由14%增加到21%。在股权创投行业相对成熟和发达的国家和地区，保险公司、商业银行等金融机构已成为创投机构的主要资本来源，而我国目前仍然以政府、实体企业和个人投资者为主。

表3－6　我国创投机构的资本来源及结构（2006～2015）（%）

年份	实业企业	保险公司	银行	证券公司	财政支出和个人出资
2006	59.08	0.00	0.11	0.00	40.81
2007	50.35	0.00	0.00	0.07	49.58
2008	50.38	0.00	0.34	0.26	49.02
2009	50.35	0.00	1.48	1.87	46.30
2010	50.11	0.02	0.43	1.19	48.25
2011	48.53	0.00	0.49	1.75	49.23
2012	45.77	0.04	0.44	1.79	51.96
2013	45.09	0.05	0.46	1.87	52.53
2014	47.13	0.03	0.43	1.96	50.45
2015	45.76	0.02	0.41	1.89	51.92

资料来源：《中国创业投资行业发展报告2016》。

表3－7　美国创投机构的资本来源及结构（1980～2000）

	1980年	1985年	1990年	1995年	2000年
基金数量（个）	57	99	50	84	228
基金规模（百万美元）	1208	4065	2431	4045	60339
资金来源（%）					
（公共和私人）养老基金	30	33	53	38	40
实体企业	19	12	7	2	4
银行和保险等传统金融机构	13	11	9	18	23
个人出资	16	13	11	17	12
国外投资者及其他	8	23	7	3	NA
捐赠	14	8	13	22	21

资料来源：整理自Gompers和Lerner（2010）。原作者以1992年作为基期对基金规模数据进行调整。

对比中外股权创投机构的资本结构及其动态变化有助于立足我国国情与现实条件，梳理我国创投行业的发展路径。现阶段，传统金融机构对创投机构的投资比例仍然较低，产生这一现象的原因主要有以下三方面：

首先，我国在政策法规上对金融机构参与创投机构及其相关活动进行限制。例如《中华人民共和国商业银行法》《中华人民共和国银行业监督管理法》等明确规定"商业银行在中华人民共和国境内不得向非银行金融机构和企业投资"。2003 年 1 月施行的《保险法》中明确规定"保险公司的资金不得用于设立证券机构，不得用于设立保险业以外的企业"。

其次，银行和保险公司的资金流动性需求较强（例如银行储户要求兑付存款、保险生效受益人要求进行保险理赔等），因此金融机构对资金可控制性要求较高。而股权创投主要投资于中小型创业企业的初创期和成长期，与投资成功并退出投资项目间隔数年且有较大的不确定性，资金的可控性相对较弱。

最后，虽然传统金融机构可以利用自身持有的大量闲置资金进行投资，并以此获得额外投资收益。传统金融机构在投资时会倾向于经营相对稳定且风险较小的项目，而股权创投对象多为初创期和成长期企业，且具有较高不确定性。

总之，虽然目前传统金融机构在我国尚未成为股权创投的资本来源，但这两种金融组织形式并不存在竞争关系，在多层次金融和资本体系中相互补充。

三、股权创投对象：企业成长阶段和投资轮次

我国股权创投资本逐渐向初创期企业倾斜，天使投资的重要性越来越突出。如表 3－8 所示，近十年中，针对初创企业的股权创投项目数占比逐年增加，2015 年 68% 的创投项目发生在种子期和起步期；但是从投资额看，针对成长期和成熟期的股权投资仍然占主体。如表 3－9

所示，创投金额一半以上用于成长期和成熟期阶段的创投企业。此外，《创业投资企业管理办法》允许投资企业向处于重建期的企业进行投资，因此近年出现针对重建期企业的投资案例，但是投资额很小。

表3－8　中国股权创投项目案例轮次（%）

年份	种子期	起步期	扩张期	成熟前的过渡期	重建期
2006	16.12	40.43	30.97	11.40	1.08
2007	11.52	32.11	43.22	12.74	0.41
2008	13.84	36.00	39.08	10.12	0.96
2009	14.75	36.77	39.25	8.72	0.51
2010	13.11	36.28	38.84	10.73	1.04
2011	12.19	31.39	45.62	10.40	0.40
2012	13.41	36.08	42.00	7.69	0.82
2013	20.85	38.78	33.37	6.56	0.44
2014	22.61	40.92	31.31	4.73	0.43
2015	25.55	42.44	28.14	3.27	0.60

资料来源：《中国创业投资行业发展报告2016》。

表3－9　中国股权创投项目金额与轮次（%）

年份	种子期	起步期	扩张期	成熟前的过渡期	重建期
2006	9.78	31.78	44.02	13.02	1.40
2007	7.66	22.92	51.01	18.31	0.10
2008	6.70	32.33	44.83	14.97	1.17
2009	6.17	29.00	52.62	11.26	0.95
2010	7.80	25.13	46.54	18.99	1.54
2011	6.47	21.25	57.01	14.84	0.43
2012	8.43	27.27	51.15	11.62	1.53
2013	13.20	35.03	42.02	9.41	0.34
2014	9.86	44.61	38.29	6.70	0.54
2015	9.88	36.73	43.26	7.21	2.92

资料来源：《中国创业投资行业发展报告2016》。

我国股权创投“复轮化”特点和趋势非常明显。如表3－10所示，2006～2015年，首轮投资项目数占比逐年下降，复轮融资项目占比逐年增加。从企业融资实际需求看，不同阶段融资需求不同，一般需要经过多轮融资才能发展成熟。分阶段投资对企业和投资者而言，都是较好的选择，投资者通过多轮投资不仅可以有效避免资金的浪费，同时也有利于防范风险。

表3－10　中国股权创投：首轮和复轮投资情况（%）

年份	首轮投资	复轮投资	
		第二轮	第三轮
2006	90.75	7.53	1.72
2007	90.52	7.45	2.03
2008	88.07	10.65	1.28
2009	87.72	9.01	3.27
2010	85.57	10.49	3.94
2011	84.62	11.67	3.71
2012	80.66	14.63	4.71
2013	79.59	14.95	5.46
2014	80.34	13.86	5.80
2015	80.30	14.16	5.54

资料来源：《中国创业投资行业发展报告2016》。

与发达国家相比，“天使化”和“复轮化”是我国股权创投市场的重要特点。以美国为例，2015年美国创投市场种子期（Seed）和初创期（Early Stage）项目分别为2%和34%（NVCA Yearbook，2016）。而在我国，该比例分别为9.88%和36.73%（见表3－9）。这一方面体现出国内外中小企业成长性的不同，另一方面也反映了创投理念和文化的国别差异。初创企业（尤其是高新技术型的创业企业）主要致力于技术研发以及产品服务的商业化，并将企业产品推广到更大市场和更多客户，因此初创期的天使投资不仅仅为创业者提供启动资本，同时也为创业者对接所需的重要资源和“互补要素”（如市场信息、管理以及知识产权商业化等）并强化核心竞争力。企业进入扩张期和稳定期后，资本量加大且流动性增强，创投资本通过增持或者联合其他基金推动企业快速增值。我国股权创投“天使化”和“复轮化”同时反映出我国股权投资基金和企业规模仍然较小、专业化程度不高、风险控制手段以及增值方式有限等特点。随着我国股权创投行业日趋成熟，声誉机制和行业自律逐渐完善，少数优质投资基金和机构投资者将会逐渐壮大并国际化，成为多层次金融体系中重要的组成部分和活跃力量。

四、股权创投的退出方式

我国股权创投的退出方式与国外有所不同，IPO 和并购比例相对较低。股权创投的退出方式包括证券市场、股权交割和清算三种，其中股权交割包括转让、并购重组和回购三种形式。如表 3－11 和表 3－12 所示，随着创业板的设立和发展，创投项目以证券市场 IPO 退出形式的占

表 3－11 中国股权创投退出方式（%）

年份	退出项目总数	上市	转让	并购	回购	清算
2006	104	7.70	50.96	2.88	29.81	8.65
2007	179	11.17	41.90	2.79	32.97	11.17
2008	225	12.01	46.22	1.33	29.33	11.11
2009	396	13.13	58.33	0.76	21.97	5.81
2010	453	22.52	51.43	0.66	17.66	7.73
2011	549	20.76	52.28	0.91	19.13	6.92
2012	564	25.35	43.09	0.89	24.29	6.38
2013	692	21.53	33.82	1.59	36.85	6.21
2014	674	15.73	41.69	3.56	31.45	7.57
2015	785	14.39	44.33	8.03	28.15	5.10

资料来源：《中国创业投资行业发展报告 2016》。

比虽然逐年增加，但比例仍然过低；2013 年之后，国家清理整顿证券市场等一系列事件导致 IPO 比例显著下降。我国创投退出方式中，并购比例很低，2014 年之前始终低于 5%。协议转让仍然是创投项目退出的主要方式，2015 年占比为 44.33%。2015 年美国新上市企业 183 个，其中 77 个是股权创投项目，占 IPO 项目数的 42%（NVCA Yearbook，2016）。同期美国并购案共计 360 起，远远高于我国。

表 3－12　中国股权创投和退出时间（%）

年份	总案例	不足 1 年	1～2 年	2～4 年	4～7 年	7 年以上
2006	104	27.89	15.38	24.04	25.96	6.73
2007	179	8.94	12.84	22.35	33.52	22.35
2008	225	11.11	12.88	22.67	30.67	22.67
2009	396	12.63	32.07	22.22	15.40	17.68
2010	453	13.46	15.23	23.40	25.17	22.74
2011	549	11.11	20.22	30.79	21.49	16.39
2012	564	12.23	15.96	29.08	28.55	14.18
2013	692	10.69	14.16	42.34	21.97	10.84
2014	674	10.24	11.72	39.76	24.78	13.50
2015	785	9.94	11.21	32.36	35.79	10.70

资料来源：《中国创业投资行业发展报告 2016》。

国内外创投项目退出方式的巨大差异由多方面原因造成。首先，我国对上市公司再融资进行并购重组和清算仍然有诸多政策限制。其次，虽然转让和回购两种退出方式收益不会太高，但至少可以保本；而且转让和回购操作相对容易，可操作性强。最后，我国的商业文化中，创业者比较关心和在意自己（或家族）对企业的控制权，除非迫不得已，一般不会接受企业被收购或并购。

退出是股权合作以及创投的目的，也是实现创新的重要制度保障，合理规范股权创投退出机制是建立多层次金融体系的重要内容和组成部分（Schwienbacher，2008）。股权投资只有在合适的时机成功退出，才算是完成了整个投资阶段，保证了企业资金的流动性，达到了投资资本的有效循环。因此，投资退出成功与否直接关系到创投行业能否健康有序发展。目前我国创投行业可选择的退出方式虽然在理论上都存在，但实践中仍然面临诸多问题。例如，创业企业 IPO 上市后，创投基金通过转让持有的股份本应该是最优的退出选择，但与其他方式相比，其占比始终保持在 20% 左右，在 2013 年甚至要低于协议转让与回购两种方式。究其根本原因在于我国证券市场发展不够完善和成熟，2009 年虽然设立了创业板市场，但其发展还处于初级阶段，远不能满足巨大的市场需求。此外，退出的成功与否，很大程度上依赖于当时证券资本市场情形，2013 年 IPO 关闭更是阻截了创投企业机构通过上市转让的退出渠道。

第三节　农业股权创投

一、农业股权创投发展及现状：中外对比

国外股权创投在农业领域的活跃度较高且内部差异较大。如表3－13和表3－14所示，美国农业股权创投项目数从1975～1979年的6项增长到1990～1996年的93项，投资金额在1990～1996年达到2.58亿美元，但是占比仍然不高。Schertler（2006）对比分析了（部分）欧盟成员国1991～2003年私募股权投资的行业分布情况，其中，农业股权投资占比较高的国家依次为希腊（52%）、西班牙（42%）、英国（39%）、意大利（35%）、法国（30%）、葡萄牙（30%）、芬兰（30%）、爱尔兰（27%）、荷兰（22%）、瑞典（21%）、瑞士（18%）、比利时（18%）、挪威（17%）、德国（12%）、奥地利（10%）。

表3－13　美国农业股权投资项目数

年份	股权创投项目总数	农业股权创投项目数	农业股权创投项目数占比（%）
1975～1979	1253	6	0.48
1980～1984	5365	23	0.43
1985～1989	8154	80	0.98
1990～1996	9406	93	0.99

表 3－14　美国农业股权创投金额

年份	股权创投金额（百万元人民币）	农业股权创投金额（百万美元）	农业股权创投金额占比（%）
1975～1979	2259	7	0.31
1980～1984	15261	25	0.16
1985～1989	30742	212	0.69
1990～1996	37162	258	0.69

资料来源：Gompers 和 Lerner（1999）。投资金额变量选取 1992 年进行调整。

近些年，我国股权创投在农业领域增长迅速，同时表现出较强的波动性。如表 3－15 和表 3－16 所示，2006 年我国股权创投项目总数为 465 项，但是仅有 9 项涉及农业领域。2011 年农业项目增长为 110 项，年平均增长率约为 20%；项目投资额从 2006 年的 5000 万元增长到 2010 年的 19.79 亿元。2012～2015 年农业创投项目数呈下降趋势，同期投资金额占比也由 2010 年的 5.68% 下降到 2015 年的 2.09%，2015 年投资金额下降到 6.94 亿元。

表 3－15　中国农业创投项目数

年份	项目总数	农业创投项目数	农业创投项目数占比（%）
2006	465	9	1.94
2007	738	14	1.90
2008	939	23	2.45
2009	1376	43	3.13
2010	2106	91	4.32
2011	2510	110	4.38
2012	1976	75	3.80
2013	1813	61	3.36
2014	1862	49	2.63
2015	2168	52	2.40

资料来源：《中国创业投资行业发展报告 2016》。

表 3-16　中国农业创投金额

年份	投资金额（百万元人民币）	农业投资金额（百万元人民币）	农业投资金额（百万美元）	农业创投金额占比（%）
2006	3763	50	8	1.33
2007	10018	156	26	1.56
2008	11302	264	44	2.34
2009	21892	416	69	1.90
2010	34821	1979	330	5.68
2011	44866	1775	296	3.96
2012	30772	1137	190	3.69
2013	25661	712	119	2.77
2014	24803	674	112	2.72
2015	33177	694	116	2.09

资料来源：《中国创业投资行业发展报告 2016》。

二、农业创投的行业统计口径与产业融合

除了产业和金融体系等其他因素，世界各国农业股权创投的巨大差异还缘于对农业的行业定义以及统计口径。欧洲私募股权投资协会（EVCA）将投资对象分为 17 个行业明细，进而归类为七大产业（Schertler，2006），分别是：信息类（IT）、生物科技和制药（BIO）、能源（ENERGY）、农业和消费者相关（AGRICULTURE）、交通和工业品（TRANSPORTATION）、化工材料（CHEMICAL）和工业自动化（IA）。因此，EVCA 中的农业股权投资泛指“大农业”，包括所有与农业相关的其他行业。美国私募股权投资协会（AVCA）沿用标准行业代码（VEIC），将所有行业划分为生物科技、商务产品和服务、消费品和服务、计算机硬件、计算机软件、电子产品、金融服务、监看服务、工业和能源、IT 服务、媒体娱乐、医疗设备、网络连接及设备、零售、半导体、通信和其他共 17 类行业。与欧洲不同，AVCA 并没有将农业

进行系统分类，而是将农业类项目细分到相关其他行业中，包括计算机（2317）、农业信息化（2857）、农林畜牧渔（9500；9599）和农业相关（9520）。因此，美国股权创投关于农业的统计数据仅单指“农林畜牧渔”（9500；9599），该数据严重低估了股权创投在现代农业中的比例。

目前我国的创投行业划分仍然基于传统行业定义，没有体现现代农业产业融合的趋势。我国国家发展和改革委员会财政金融司、中国投资协会股权和创业投资专业委员会将我国股权投资行业分为 22 个行业，分别是：软件产业、计算机硬件产业、网络产业、通信、IT 服务业、半导体、其他 IT 行业、环保工程、生物科技、新材料工业、资源开发行业、光电子与光机电一体化、科技服务、新能源高效节能技术、核应用技术、医药保健、消费产品和服务、媒体和娱乐业、传统制造业、农业、金融服务、零售和批发以及其他行业。与美国类似，这种行业划分方式将农产品加工业和涉农服务业统计到其他相关行业中，无法体现互联网技术和经济背景下农村第一、第二、第三产业融合的趋势。

农村第一、第二、第三产业融合发展是农业现代化和产业化的重要标志，也是城乡一体化的核心内容。农业产业化为农村第一、第二、第三产业融合培育了基础、提供了主体支撑、提升了发展质量，并为农民分享农村产业融合增值收益建立了有效渠道。农业产业化促进农村产业融合发展，不仅包括龙头企业打通全产业链条促进要素融合和企业集群集聚发展促进产业间跨界融合，还包括不同产业化主体的利益联结机制创新（国家发展改革委宏观院和农经司课题组，2016）。2015 年中央一号文件首次提出“推进农村第一、第二、第三产业融合发展”，并明确了相关具体要求。2015 年底，国务院办公厅印发了《关于推进农村第一、第二、第三产业融合发展的指导意见》（国办发〔2015〕93 号），进一步明确了推进农村第二、第三产业融合的指导思想、基本原则、主要目标和具体工作措施。推进农村第一、第二、第三产业融合发展是建设现代农业产业体系、生产体系和经营体系的必然要求，是培育农村新产业、新业态和新模式的有效途径，是促进农民持续较快增收的重要支撑，是推动城乡一体化的重要举措（张天佐，2016）。

我国当前股权创投管理机构和行业协会对行业统计口径过粗，缺乏二级明细，无法体现现代农业的产业跨界和产业融合，这限制了系统整理和科学分析涉农类创投项目的行业内容及其变化，制约了商界、学术界和政策制定者掌握农业创投一般规律，提炼适合我国产业特征和行业现状的农业创投、创业与创新的实现路径。本书将在下一章针对现有统计数据的这些缺点和问题，根据一手数据和资料整理，对 2010～2016 年我国农业股权创投项目进行实证分析，纠正由于统计缺失和数据问题带来的认知和判断偏误。

第四章

中国农业创投、创业与创新：实证分析

针对我国股权创投管理机构和行业协会关于投资对象行业划分口径过粗、统计信息缺失以及无法反映农业现代化产业融合特点等问题，本章通过调研以及资料整理，建立关于2010～2016年148个农业创业公司（或项目）以及262笔创育投资的数据库，实证分析我国农业创投特点（规模、区域分布、轮次分布、项目内容）、创业者特征及其变化规律。第一节介绍数据来源和描述性分析结果。第二节运用多元回归分析方法检验相关创投理论和假说，定量分析创业者个人特征对农业创投项目渐入式创投的影响，在实证分析的基础上讨论农业创投、创业与创新的相互关系，总结提炼创投和创业驱动我国农业创新的路径与政策建议。

本章主要观点和发现摘要如下。

（1）自2014年起，股权创投在农业领域活跃度增强，但农业创投在创投行业中占比仍然很低；虽然知名和顶尖创投机构加大农业领域投资，但专注度不高。

（2）我国农业创投项目呈现出较强的区域性及不平衡性，创业项目集中在发达地区和城市，中西部地区占比非常低；这一方面反映了农业创投的地理资源特点和区位优势，另一方面也反映了创投理念、创投文化以及创投生态体系地区间的巨大差距。

（3）虽然针对种子期和初创期的天使投资活跃度增强，但我国农业创投逐渐转向成长期和成熟期企业，体现了创投对传统农业产业链的资源整合与升级，以及创新要素在农业领域的跨界配置。

（4）我国农业创投与创业的颠覆性主要体现在对传统商业模式和供应链改造上，针对农业生产端和要素市场的服务相对较少；与此同时，随着电子商务和新零售行业趋于理性，改造传统农业产业链厂商关系的企业服务类（2B）创投项目成为农业创投的热点。

（5）农业创投行业中新生代创业企业家具有高学历、国际化以及连续创业等特点，但具有农业教育和工作经验的创业者较少；投资者更看重创业者的综合能力及背景，青睐连续创业（尤其是创业失败经历），涉农教育和工作经验没有影响。

（6）实证分析结果清晰地验证了科兹纳（Kirzner）创业理论和管理学创业理论的分歧，表明创业是创业者对不确定和未知的“机会创造”过程，而不是抽象的“机会识别”。科兹纳创业理论将创新过程超自然化，从而弱化了人类创业者的果敢行动以及失败的积极意义。

（7）实证研究证实了管理学领域对创新和创业本质的判断，认为专业知识以及前期经历对创业成功的影响并不显著，长期从事和浸淫在某个特定行业容易受固定思维模式禁锢，并不利于颠覆式创新。

（8）创新创业是“非线性”过程，不可一蹴而就，需要一定经验储备、知识积累和行动试错，农业现代化的创新驱动需要以股权创投作为机制和载体，关注“失败学习”和“容错机制”。

第一节 数据来源及描述性分析

一、数据来源

我国股权创投研究相对滞后和分散，数据缺失和数据质量问题是重要原因之一。

首先，股权创投机构数量和统计信息不系统不全面，口径不一致，缺乏权威性和公开性。2013 年 6 月，中央编办印发《关于私募股权基金管理职责分工的通知》（以下简称《通知》），对私募股权基金管理职责重新分工。《通知》规定由证监会负责私募股权基金的监督管理，发展改革委负责组织拟定促进私募股权基金发展的政策措施，会同有关部门研究制定政府对私募股权基金处置标准和规范。由于对政策理解不一致，部分创投机构认为只需要到证监会进行监管备案，不需要到发展改革委进行备案和年检，因此新增创投基金和企业备案数低于实际数。此外，出于监管和信息披露等原因，管理机构所掌握的创投机构和创投项目信息没有向社会完全公开，限制了相关领域研究及其相关数据权威性。

其次，投资对象的行业划分过粗且陈旧，缺少二级分类和项目关键词等信息，无法体现现代农业产业融合和跨界要素配置等特点和趋势，统计的涉农股权投资项目数远低于实际项目数。

最后，行业协会在信息发布、网络沟通和行业规范及自律等方面尚未真正发挥作用。

近些年，随着股权创投行业逐渐成熟以及互联网平台的兴起，行业内投资机构和专业研究团队积极投入创投机构以及创投项目的数据整理和交流，客观上促进了股权创投领域的信息公开、行业分析以及相关科学研究。除了中国证券投资基金协会等官方机构、中国投资协会股权和创业投资专业委员会等行业协会机构，股权投资及行业分析的民间和私营机构也非常活跃，例如 IT 橘子、桔子雷达、创业谱、天眼查等信息平台。本书首先从互联网渠道查询 2010～2016 年所有创投项目，然后根据其内容判断是否涉及食品、农业和农村。与此同时，研究团队借助平台资源优势与创投基金和机构联系，调研农业类项目相关信息，并对相关数据进行核验和补充①。

经过近两年资料收集和整理，在众多投资机构和农业创业公司的合作与支持下，研究团队完成了相关信息的采集和数据库构建，研究样本涉及 131 家创投基金 2010～2016 年对 148 个创业公司（或项目）完成的 262 笔投资。同时，针对每项投资案例，数据库涉及创投项目的时间、金额、商业模式、创始人和投资人信息等变量。

通过对比本书样本与国家发展改革委财政金融司的统计数据，本书进一步验证了股权创投项目统计信息机构间的差异性和不一致性。例如，根据《中国创业投资行业发展报告 2016》，2010 年和 2011 年我国农业股权创投项目增长迅速，投资项目总数为 201 项。但是，业内活跃度较高的基金和创投机构数据显示该期间内信息完整的投资项目数仅为 9 项（见表 4－1）。与此同时，国家发改委财政金融司统计数据显示，2015 年农业领域股权创投项目数为 52 项，但业内创投基金等机构提供完整信息和实际发生的投资案例数为 117 项。政府管理机构与创投行业内的信息差异一方面体现了本研究的学术价值和贡献，另一方面体现了

① 多数创投机构定期披露当年创投项目总体情况和信息，并在互联网平台发布。个别投资项目在中后期投资轮次中会出现多个投资人（且不同投资人投资金额可能不同），但是相关信息涉及内部交易，往往不公开，这种情况下对创投机构以及创投项目的追踪调研以及数据核验变得尤为重要。

本书的潜在局限性[1]。

二、中国农业创投项目基本特征

（一）农业创投项目地区分布

我国农业创投项目区域分布极不平衡，主要集中在经济发达地区[2]。如表4－1所示，2010～2016年，我国农业股权创投项目主要集中在华北、华东和中南地区，其中华东地区自2014年起活跃度开始增强。中西部地区很少（在2014年之前几乎没有），自2014年起中南和西南地区项目数逐渐开始增多，但投资额占比仍然不高。值得关注的是，西北和东北地区农业自然资源丰富，但农业创投金额不足当年全国农业股权投资额的1%。

表4－1 中国农业创投项目的区域分布（%）

年份	投资项目数	华北	华东	东北	中南	西南	西北
2010	3	33.33	66.67	0	0	0	0
2011	6	50.00	50.00	0	0	0	0
2012	4	75.00	25.00	0	0	0	0
2013	13	61.54	30.77	7.69	0	0	0
2014	52	48.08	30.77	0	17.31	3.85	0
2015	117	45.30	35.90	0.85	11.97	4.27	1.71
2016	67	37.31	34.33	1.49	23.88	1.49	1.49

资料来源：笔者分析整理。

---

① 本研究团队借助项目资源平台优势与众多创投基金联系力争获取所有农业类创投项目及其相关信息。此外，项目团队还借助计算机软件工具Python对数据进行深度挖掘和验证。但是出于科研严谨性，本章节数据分析和结论仅限于研究样本，不具备解释和预测全国农业创投项目一般情况的代表性。

② 本书的区域划分沿用国家2016年行政区划代码，共包括华北、华东、中南、东北、西南、西北六大区分布。具体如下：华北（北京、天津、河北、山西、内蒙古）、东北（黑龙江、吉林、辽宁）、华东（上海、山东、江苏、浙江、江西、安徽、福建、台湾地区）、中南（湖北、湖南、河南、广东、广西、海南、香港地区、澳门地区）、西南（四川、贵州、云南、西藏、重庆）、西北（陕西、甘肃、宁夏、新疆、青海）。

（二）创投项目的投资轮次和阶段

数据分析结果表明，自 2014 年起我国农业股权创投出现“井喷”式增长。如表 4－2 所示，2010～2013 年，农业股权投资项目数缓慢平稳增长，投资金额从 2010 年的 1.12 亿元增长到 2013 年的 7.09 亿元。2014 年和 2015 年股权投资类项目数量激增，投资项目分别为 52 项和 117 项，项目总金额分别为 31.03 亿元和 98.86 亿元。虽然 2016 年投资项目案例数有所下降，但投资金额增长到 144.83 亿元，大于前两年总和，我国股权创投在农业领域进入活跃期。

表 4－2　中国农业创投金额的区域分布（%）

年份	总投资金额（百万元人民币）	华北	华东	东北	中南	西南	西北
2010	112	1.79	98.21	0	0	0	0
2011	516	58.72	41.28	0	0	0	0
2012	220	95.91	4.09	0	0	0	0
2013	709	87.31	12.27	0.42	0	0	0
2014	3103	45.89	46.57	0	6.48	1.06	0
2015	9886	53.00	43.31	0.03	3.28	0.26	0.12
2016	14483	42.90	50.12	0.21	6.35	0.21	0.21

资料来源：笔者分析整理。

农业创投轮次由种子期和天使期逐渐转向成长期和成熟期。2010～2016 年，Pre－A 和 A 轮投资占比始终停留在66%～84%（见表4－3）。但是自 2013 年起，B 轮、C 轮和 D 轮投资案例比例逐渐增多。农业创投轮次变化由投资金额（及其变化）体现得更加明显。如表 4－4 所示，2013 年起，C 轮和 D 轮投资金额占比 23%，2016 年上升到 43%。

随着投资轮次多元化，（不同轮次）创投项目的单笔投资规模差异性逐渐明显。如表 4－5 所示，2010 年 Pre－A 单笔投资平均金额为 200 万元，2016 年相同轮次单笔投资平均金额增长到 1100 万元；A 轮投资基本维持在4000万元到8000万元之间；B轮投资单笔金额从2014年的1.7亿元增至2016年的4.01亿元。C轮和D轮单笔投资金额2016年高达5.25亿元和7.75亿元。中西部欠发达地区股权投资不活跃还体现在投资轮次上。数据分析表明，东北、西南和西北地区几乎没有B轮及之后投资（见表4-6）。中南地区虽然农业股权投资比中西部地区和东北地区活跃，但股权投资仍然以天使投资为主，投资对象大多为种子期和初创期农业创业项目。

表4-3 中国农业创投项目与轮次（2010~2016）

年份	2010	2011	2012	2013	2014	2015	2016
投资案例数（个）	3	6	4	13	52	117	67
投资阶段（%）							
Pre-A	33	33	25	38	48	46	15
A轮	33	33	50	46	35	36	51
B轮	33	33	0	8	12	13	19
C轮	0	0	25	0	4	3	9
D轮	0	0	0	8	2	3	6

资料来源：笔者收集和整理。

表4-4 中国农业创投金额与轮次（2010~2016）

年份	2010	2011	2012	2013	2014	2015	2016
投资总金额（百万元人民币）	112	516	220	709	3103	9886	14483
投资阶段（%）							
Pre-A	2	1	1	6	4	11	1
A轮	54	29	9	66	26	27	20
B轮	45	70	0	5	33	22	36
C轮	0	0	91	0	23	19	22
D轮	0	0	0	23	14	20	21

资料来源：笔者收集和整理。

表4-5 中国农业创投项目平均投资规模（百万元人民币）

年份	2010	2011	2012	2013	2014	2015	2016
Pre-A	2	3	1	8	5	21	11
A轮	60	75	10	78	45	64	86
B轮	50	180	0	36	170	143	401
C轮	0	0	200	0	360	640	525
D轮	0	0	0	165	425	667	775

资料来源：笔者收集和整理。

表4-6 中国农业创投区域分布与投资轮次（%）

	2010~2016年总投资金额（百万元人民币）	华北	华东	东北	中南	西南	西北
Pre-A轮	1409	62.88	20.88	0.43	14.04	0.92	0.85
A轮	7117	49.00	35.39	0.42	13.70	1.07	0.42
B轮	8824	51.86	45.06	0	3.08	0	0
C轮	5988	46.29	53.71	0	0	0	0
D轮	5690	40.25	59.75	0	0	0	0

资料来源：笔者收集和整理。

（三）农业创投项目的经营内容和商业模式

我国农业创投项目可分为产品类和服务类，其中产品类占大多数。根据本书分析的创投项目样本的经营内容，具体分为五类：生鲜农产品（包括鲜花）、综合农产品、农资、农业技术服务、金融和土地等要素类。如表4-7所示，2010~2016年，262笔农业股权创育投资中，80.53%为产品类（生鲜、综合农产品及农资），其中生鲜农产品占一半以上。农业技术服务类项目占比10.69%，但投资金额仅占3.02%。从投资金额看，农资类、金融和土地等要素类项目占比最低，分别为1.30%和1.58%。

农业创投项目的经营内容体现出动态性，服务类项目逐渐增多。2010 ~ 2013 年，针对农民的服务类项目极少，没有农资和要素类项目，技术服务类项目虽然不少（7.69%），但投资金额只占 1.35%。自 2014 年起，金融和要素类项目迅速增加，虽然投资金额较低，但项目数占比在 2015 年已经达到了 10% 左右。农业技术服务项目占比 2016 年达到 17.91%，但投资金额占比仅为 2.78%。与此同时，针对城镇消费者的生鲜农产品项目波动较大，2010 ~ 2015 年持续下降，但 2016 年生鲜电商及互联网创投项目“井喷”，创投金额占当年总投资额的 70.2%。与此相比，综合农产品创投项目持续下降，随着电子商务逐渐降温和实体经济的复苏，农产品电商逐渐趋于理性和行业收缩、联合与集聚。

表 4 – 7　中国农业创投项目的经营内容（2010 ~ 2016）

	2010 ~ 2016 年全部	2010 ~ 2013 年	2014 年	2015 年	2016 年
项目数	262	26	52	117	67
生鲜农产品（%）	50.38	65.38	53.85	50.43	41.79
综合品（%）	25.95	26.92	32.69	26.50	19.40
农资（%）	4.20	0.00	1.92	3.42	8.96
技术服务（%）	10.69	7.69	5.77	9.40	17.91
金融和要素服务（%）	8.78	0.00	5.77	10.26	11.94
金额（百万元人民币）	29029	1557	3103	9886	14483
生鲜农产品（%）	57.47	78.23	33.19	43.18	70.20
综合品（%）	36.63	20.42	59.56	51.06	23.61
农资（%）	1.30	0.00	1.61	0.81	1.70
技术服务（%）	3.02	1.35	4.25	3.26	2.78
金融和要素服务（%）	1.58	0.00	1.39	1.69	1.71

资料来源：笔者分析整理。

农业创投行业将投资对象的商业模式划分为“消费者服务”（2C）

和“企业服务”（2B）两类。现代管理学大师彼得·德鲁克曾说“当今企业之间的竞争，不是产品之间的竞争，而是商业模式之间的竞争”。因此，商业模式变化是创新的重要组织形式。例如，传统的“企业—客户”零售模式中（B2C），企业研发一款产品，然后组织上游原材料采购，自己工厂生产，再由分销商—零售商—分销零售，最终到达消费者眼前，等待市场（消费者）购买。但如果市场不认可，产品积压从而造成了社会资源的巨大浪费。新型商业模式是以消费者为核心的逆向过程（C2B），消费者根据自己的需求发起交易，商家根据顾客需求安排采购或定制生产，以此降低库存和相关成本。与此同时，两类商业模式在特定领域也会出现交叉，例如生鲜行业中“消费者—商家—农场”模式（Customer to Business to Farm/Factory，C2B2F）。这种商业模式下，消费者需求经过商家分析汇总后发送给供货商（即农业生产基地），后者将农产品分拣包装（同时经过检测和验收）后直接配送，较少物流环节损耗。农业创投领域的商业模式非常灵活，学术界对此也尚未形成统一定义和深入研究。探讨商业模式及其相关理论并不是本书的主要目的，因此本书沿用创投行业广泛使用的分类标准将拟研究的农业创投项目分为企业服务（2B）和消费者服务（2C）两大类，分别代表互联网经济改造传统农业的新型企业关系和新型消费方式。

分析结果表明，我国当前农业创投项目的商业模式主要针对城镇居民消费及其需求升级，针对农户的创投项目数量虽然缓慢增加，但是创投金额较少。如表4－8所示，2010～2016年，61.07%的创投项目针对城镇消费者，占所有创投项目总金额的59.97%。自2014年起，政府鼓励发展农村电商，针对农村消费者的创投项目数量逐渐增加，2016年占比为26.87%，但投资金额只占3.70%。

随着电子商务和新零售行业趋于理性，改造传统农业产业链厂商关系的企业服务（2B）创投项目成为农业创投的热点。2010～2013年，B2B类创投项目金额只占11.54%，2014年上升至19.23%，2016年稳增到25.37%。农业产业链涉及生产、批发、分级、包装、加工、物流以及不同级别的零售商，如何改造和重组产业链的厂商关系是农业产业化和现代化的重要内容及制度创新。随着企业服务（2B）类创投项目的繁荣以及创投资本的重新活跃，中国农业产业链重组和升级将出现较大的变化与波动。

表4-8 中国农业创投项目的商业模式（2010~2016）

	2010~2016年	2010~2013年	2014年	2015年	2016年
创业项目数	262	26	52	117	67
B2B（%）	22.14	11.54	19.23	23.93	25.37
B2C：消费者（%）	61.07	80.77	69.23	60.68	47.76
B2C：农户（%）	16.79	7.69	11.54	15.38	26.87
创投金额（百万元人民币）	29029	1557	3103	9886	14483
B2B（%）	30.58	1.93	8.51	22.95	43.60
B2C：消费者（%）	59.97	94.67	69.32	62.22	52.71
B2C：农户（%）	9.45	3.40	22.17	14.83	3.70

资料来源：笔者分析整理。

农业创投经营内容和商业模式的地区差异性明显，体现出地理特点和区位优势。如表4-9所示，生鲜农产品的创投项目集中在华东和华北等地的高消费城市，综合品创投项目主要集中在东北地区，与当地土特产（如大米、杂粮和干货）结合。农资类创投项目集中在中南和西北，体现出当地矿产资源和化工行业集聚等特点。西南和西北地区特色农业资源丰富，但没有农业技术服务类和企业服务（2B）项目，这一方面体现了这些地区的农业创投项目仍然以资源和产品为主，没有激活服务类创新，另一方面也反映了西部地区创投环境和创投生态建设不足，创投文化和商业文化淡薄。

表 4-9　中国农业创投项目商业模式与区域分布（2010～2016）

	全部	华北	华东	东北	中南	西南	西北
创投金额（百万元人民币）	18617	9295	8030	36	1138	82	35
经营内容（%）							
生鲜农产品	52.14	49.70	61.50	0.00	8.88	56.10	0.00
综合品	41.93	45.82	37.11	83.33	47.19	0.00	0.00
农资	1.55	0.49	0.04	0.00	18.45	0.00	85.71
技术服务	2.95	3.09	0.98	8.33	15.82	0.00	0.00
金融和要素服务	1.44	0.90	0.37	8.33	9.67	43.90	14.29
商业模式（%）							
B2B	36.62	36.19	37.39	0.00	13.18	0.00	0.00
B2C：消费者	53.37	59.13	46.70	0.00	56.06	63.41	0.00
B2C：农户	10.01	1.45	15.91	100.00	30.76	36.59	100.00

数据来源：笔者分析整理。

（四）创业企业家个人特征

随着新一代互联网经济以及“双创”兴起，借助创投资本以股权形式创业的新生代农业创业者具有鲜明的个人特征，呈现出高学历、国际化以及连续创业等趋势。在创投机构的支持与帮助下，笔者调研并收集了 2010～2016 年获得股权创投资本的 148 位农业创业企业家的部分个人信息及其创业经历。分析结果表明（见表 4-10），43% 的创业者具有研究生（或以上）学历，24% 有留学背景，32% 有创业经历。

通过进一步分析农业创业企业成立时间，发现创业者特征体现出阶段性和动态变化。2010～2014 年获得创投资本的 21 位农业创业者中，仅有 14% 曾接受海外教育；2015 年该比例上升为 30%。由于股权创投以及创业教育在国外的普及程度较高，具有海外留学和工作经历的创业者更容易获得创投资本。与此同时，2010～2014 年获得创投资本的创业者中，连续创业且有失败经历的比例仅为 5%。2016 年的 56 位创业者中，34% 有过创业史，且 18% 曾经创业失败。

表4－10 股权创投和农业创业者

	总数（N＝148）	2010～2014年（N＝21）	2015年（N＝71）	2016年（N＝56）
教育和工作经历（%）				
研究生及以上	43	48	46	36
海外留学	24	14	30	21
接受农业相关领域高等教育	5	5	6	4
从事农业相关行业	22	29	20	21
创业经历（%）				
连续创业经历	32	24	32	34
创业失败经历	13	5	11	18

资料来源：笔者分析整理。

股权创投的农业创业者“非农化”特征和趋势明显。研究样本中，仅有5%的创业企业家接受过农业领域高等教育，22%的创业者之前工作经历与农业相关。通过对比分析不同创业时间的创业者教育和职业经历，发现2010～2014年的21位创业者中，34%有过农业教育或从业背景，而2016年创业群体中该比例下降为25%。随着股权创投资本活跃度增强，资源和要素在农业领域进行跨行业组合与配置，其中人力资本的“非农化”是显著特征。

创业者的涉农经历与股权创投没有必然联系。分析表明，获得天使轮及后天使轮的创业者中，接受农业相关领域高等教育的比例为4%和5%（见表4－11），并无显著性差异。通过进一步细分投资轮次，发现农业教育和从业背景有助于创业者获得天使轮和A轮等早期投资，但获取B轮及之后创投资本的比例远远低于没有农业背景的创业者（见表4－12）。这表明涉农背景并不是股权投资者投资决策的主要参考依据，尤其对于后天使轮投资。

表 4-11 创业者个人特征和创投轮次

	仅获得天使投资（N=51）	获得后天使轮投资*（N=97）
教育背景（%）		
研究生级以上	47	40
海外留学	24	25
接受农业相关领域高等教育	4	5
从事农业相关行业	25	20
创业经历（%）		
连续创业经历	27	34
创业失败经历	6	16

注：*“获得后轮投资”指创业项目获得 Pre-A 投资后继续获得后期投资或未经过天使轮直接获得 A 轮或之后轮次投资。

资料来源：笔者分析整理。

表 4-12 创业者经历和不同投资轮次占比

	样本（N=148）	渐入式创投（%）				
		Pre-A（N=51）	A 轮（N=65）	B 轮（N=20）	C 轮（N=6）	D 轮及以上（N=6）
研究生及以上						
是	63	38	43	13	2	5
否	85	32	45	14	6	4
海外留学						
是	36	33	44	19	3	0
否	112	35	44	12	4	5
接受农业相关领域高等教育						
是	7	29	71	0	0	0
否	141	35	43	14	4	4
从事农业相关行业						
是	32	41	47	6	6	0
否	116	33	43	16	3	5
连续创业经历						
是	47	30	47	15	6	2
否	101	37	43	13	3	5
创业失败经历						
是	19	16	37	26	21	0
否	129	37	45	12	2	5

资料来源：笔者分析整理。

三、农业创投机构特征

自2014年起，我国进行农业领域创投的基金与机构数量逐渐增多，但农业项目在创投行业中占比仍然很低。如表4－13所示，随着民间社会资本在农业领域活跃度增强，从事农业创投的个人和机构投资者逐渐增多，参与机构的基金规模也数额庞大。2011年，只有7家创投基金投资农业项目，基金规模只有162亿元；2015年，共有117家创投基金参与农业领域投资，总基金规模达1.1万亿元；2016年，机构参与数略有下降，基金总规模仍然有4307亿元。农业项目占参与机构股权创投数额比例较低，尽管呈上升趋势，但2016年占比仅为3.36%。

表4－13　中国农业创投机构数量、规模及联合投资情况（2010～2016）

	2011年	2012年	2013年	2014年	2015年	2016年
参与农业创投的基金数	7	4	14	57	117	81
基金当年总投资额（百万元人民币）	16207	1287	32130	245270	1113143	430730
其中，农业创投项目占比（%）	3.18	17.10	2.21	1.27	0.89	3.36
基金当年投资项目数	83	64	191	2850	5462	1696
其中，农业创投项目占比（%）	7.23	6.25	6.81	1.82	2.14	3.95
机构联合投资项目占比（%）	28.57	0	14.29	16.07	27.35	40.74

资料来源：笔者分析整理。

创投机构之间联合投资农业项目正逐渐成为趋势。2013年，创投基金联合投资农业项目数仅占14.29%，2016年该比例上升至40.74%，表明机构间联合创投农业项目正在成为趋势。这一方面由于农业领域投资额较大，另一方面也与2016年的投资轮次有关；如前所述，2016年农业创投项目金额中43%为C轮和D轮投资，成长期和扩张期创投企业所需资本数额较大，创投基金的联合成为必然。

虽然创投基金和创投活动在农业领域逐渐升温，但是知名顶尖基金的参与度和专注度仍然不高。表4－14按照2010～2016年农业创投金额、农业创投项目数以及农业创投占基金总投资额比例对样本进行排序，结果表明，知名和顶尖创投基金在农业领域的创投项目数量及投资金额都有体现。但是，无论专业创投基金（如真格基金、红杉资本中国、IDG 资本和顺为基金等），还是 BATJ（百度、阿里巴巴、腾讯和京东）等新兴互联网企业，这些机构在农业领域的投资占该机构总投资比例并不高，体现“多领域、分散风险”的投资策略，缺乏深耕农业领域创投的专注度。与此同时，个别中小创投基金在农业领域投资集中度较高。农业创投与创新的特点在于“跨界”整合优势资源从而改造传统农业，而中小创投基金面临行业领域过于密集、缺乏跨行业项目间的要素整合、系统性投资风险偏高等问题。但是，中小创投基金“深耕”某个特定领域，聚焦优质项目种子期和初创期的成长性进行天使投资。顶尖创投基金策略性避开创业“死亡谷”，尾随中小创投基金的优质项目进行“后天使轮”投资。由于农业领域创投金额大且专业性强，未来知名顶尖投资者与中小创投基金的竞合关系将成为趋势。

表 4－14　中国农业创投机构排序情况（2010～2016）

次序（由高到低）	农业创投金额	农业创投项目数	农业创投占总基金总投资比例
1	顺为基金	真格基金	张江火炬创投
2	阿里巴巴	险峰长青（险峰华兴）	图灵资本
3	腾讯	红杉资本中国	沃衍资本
4	红杉资本中国	IDG 资本	德同资本
5	广发信德—广发证券	九合创投	鼎峰资本
6	IDG 资本	顺为基金	艾瑞资本
7	达晨创投	经纬中国	秉诚资本
8	苏宁	腾讯	阳光融汇资本
9	京东	梅花天使创投	徽瑾创投
10	鼎晖投资	SIG 海纳亚洲	盛大资本—盛大网络

注：本表排序由高到低，选取前十位。排序结果仅基于研究样本，不代表任何机构观点，也不涉及任何商业行为和目的。

资料来源：笔者分析整理。

第二节 农业创投与创业：计量模型分析

一、研究假说和模型设定

渐入式投资（Staged Finance）是股权创投的内在运营机制、投资决策机制和风险控制机制（详见本书第二章）。渐入式投资有助于投资者和投资对象之间的相互了解及评估，减少双方由于信息不对称带来的投资风险和道德风险问题（Gompers，1995；Sahlman，1990）。随着股权创投资本不断突破传统企业生命周期，不再局限于成长期企业，积极投入种子期和初创期项目进行天使投资，研究者逐渐加深了对渐入式投资本质的认识。Zucker（1998）通过研究美国生物技术等高科技行业，提出市场机制无法对高科技创新行业的人力资本和知识进行定价，从而存在初创企业投资“市场失灵”问题。天使投资通过渐入式方式，在一定程度上缓解了颠覆式创新行业投融资面临的市场失灵问题（Bergemann & Hege，1998；Gorman & Sahlman，1989）。

现代创业管理理论认为，创业者的个人特征和创业经历会影响投资者对创业企业的渐入式投资，但产生影响的机制和机理不同（详见本书第一章和第六章讨论）。Kirzner（1973，1985）认为创业是“机会识别”过程（Opportunity Discovery），虽然创业者的可投资价值是“不完全信息”，但投资者可以根据创业者的教育职业背景以及前期知识进行判断。但另有创业理论学派认为“机会”本身并不存在，只有当创业者敢于冒险付诸行动才使得“机会”成为概率事件，因此创业的本质不是机会识别，而是“创造机会”（Gartner，1985；Sarasvathy et al.，

2003）。现代进化认知论大师多纳多·坎贝尔在《卡尔·波普尔的哲学》书中提到："个体知识的构建是一系列重复实验和行动的错判和自我矫正的过程"（Campbell，1974），创业的本质是创业者对未知机会的有意识感知以及行动的统一（Aldrich & Kenworthy，1999）；即便机会客观存在，由于对机会缺乏认知以及有效行动，创业也并不存在（Barney，1986）。

创业者个人特征和创业经历对创业影响的学术分歧体现了不同学派对创业本质的理论认识。"机会识别"学派的创业泛指各种创业行为，没有区分自我就业（Self - employment）、创业（Entrepreneur）和创新型创业（High - impact Entrepreneur）。"创造机会"学派特指具有高不确定性和未知机会的创业，也就是熊彼特描述的"颠覆式创新"。现代管理学两位大师赫伯特·西蒙和詹姆斯·马奇认为在颠覆式创新的行业里，创业者的专业知识以及前期经历对创业成功的影响并不显著（March，1991；Simon，1973）；相反，长期从事和浸淫在某个特定行业容易受固定思维模式禁锢，并不利于颠覆式创新（March，1991；March & Simon，1958）。

基于上述讨论，本书提出两个待检验的研究假说：

假说一：创业者的农业教育和从业经历会影响（或不影响）创投资本渐入式投资。

假说二：创业者创业经历会影响（或不影响）创投资本渐入式投资。

针对以上判断的假说检验有助于科学认识创新、创业以及创投的内涵以及相互关系，引导创投基金和政策支持投向真正具有创新潜力的新生代农业创业群体，因此研究具有一定的商业价值和政策价值。如果农业教育背景和从业经历有助于创业者获取渐入式创投资本，那么我国农业现代化的创新驱动主体主要来自农业高校、科研院所以及涉农企业；如果农业教育背景和从业经历对渐入式创投没有影响，表明农业领域的创新驱动需要人力资本的跨界与融合，农业创投项目创业者的“非农化”有助于我国的农业现代化。此外，如果创业经历不影响创投资本渐入式投资，那么创新创业是“非线性”过程，创投基金和国家的政策支持应鼓励社会各界的广泛参与。相反，如果创业的失败经历显著影响创业成功（并获取创投资本），表明创新创业不可一蹴而就，而需要一定经验储备、知识积累和行为试错，农业现代化的创新驱动需要以股权创投资本作为媒介和载体，设计相应的“失败学习”和“容错机制”。

二、计量分析结果

上述描述性单因素分析表明创业者某些个人特征和创业经历与创投资本及其渐入式投资具有关联性，为了进一步验证这种关系，需要建立计量经济模型，利用多元回归方法进行分析。本部分将汇报计量经济分析结果。

（一）计量模型设定

为了系统分析新生代农业创业者获取渐入式创投资本及其影响因素，本书设定如下计量模型：

$$STAGE_{ik} = a + \beta \cdot EXP_i + \delta \cdot ENTRE_i + \eta \cdot PRJ_i + \lambda \cdot INVEST_i + \varepsilon_i \quad (4-1)$$

式中，$STAGE_{ik}$为模型的因变量（$k=1$ 或 $k=2$）。其中 $STAGE_{i1}$是二元虚拟变量，表明第 i 个创业项目是否获得“后天使轮”投资（及 A 轮及之后轮次）；如果仅获得天使轮（Pre - A），该变量为零，如果项目继天使轮后获得后续其他轮次投资（或直接获得后续轮次投资），该变量为 1。$STAGE_{i2}$是离散变量（数值为 1，2，3，4，5），表示（截至 2017 年 1 月）创业项目研究样本获得创投资本的轮次，依次为：Pre - A、A 轮、B 轮、C 轮和 D 轮及之后。

EXP_i 表示创业者的教育和从业经历，包括创业者是否研究生（及以上）学历、是否出国留学、是否接受农业高等教育以及是否从事农业领域及相关工作。$ENTRE_i$ 表示创业者的创业经历，分别用“创业企业家是否连续创业（即之前是否有过创业史）”和“创业企业家之前创业是否有过失败经历”。PRJ_i 用于控制创投项目基本特征，包括创投项目成立时间（“1”表示创投项目成立于2015年或2016年，“0”表示项目成立于2010～2014年）、项目经营对象为消费者（2C类商业模式，“1”表示创投项目经营对象是消费者；“0”表示其他）、创投项目经营对象为农户（2C类商业模式）、项目经营对象为企业（2B类商业模式）①、创投项目经营内容为服务而不是产品（1＝服务；0＝产品）。最后，$INVEST_i$ 表示用于控制项目对应的创投基金相关特征，包括：基金当年农业投资占当年总投资比例、基金是否联合其他机构投资该项目。

（二）计量模型分析结果

为了系统分析新生代农业创业者的教育和创业经历对其获取渐入式创投资本的影响，同时由于因变量的离散性特征，研究采用Logit和Ordered Logit等多元非线性回归分析方法。具体分析结果如下。

新生代农创企业家的教育和职业经历对渐入式创投资本投入没有影响。多元回归分析结果表明，无论是二元因变量（见表4－15）还是序数因变量（见表4－16），在控制其他因素不变的情况下，新生代农创企业家的学历和留学背景对后天使轮融资没有影响。同样，农业教育和从业经历对渐入式创投也没有显著性影响。

创业经历（尤其是创业失败经历）影响农创企业家获取渐入式创投资本。当模型单独放入“创业失败”变量时，系数显著为正，表明有失败创业经历的创业者更容易在创投资本市场上获得后天使轮投资。当模型同时放入“连续创业”和“创业失败”两个变量时，“创业失败”估计系数的显著性下降，表明两个变量存在一定共线性。但是尽管

① 模型分析中，本书选用“项目经营对象为商业主体（2B类商业模式）”作为分类参照变量，避免多元回归分析的多重共线性问题。

如此，该变量近似显著（P = 1.60）。当模型选用序数因变量时，该变量系数稳健并显著。

表 4 – 15 中国农业创投项目渐入式创投的影响因素分析（2010 ~ 2016）：Logit 回归分析

	获得“后天使轮”投资（是 = 1；否 = 0）+		
	(1)	(2)	(3)
教育和工作经历			
学历水平（1 = 研究生以上；0 = 否）	-0.07 (0.65)	-0.05 (0.55)	-0.05 (0.53)
留学海外（1 = 是；0 = 否）	0.06 (0.54)	0.05 (0.49)	0.05 (0.46)
农业教育（1 = 是；0 = 否）	0.15 (0.88)	0.14 (0.85)	0.14 (0.82)
农业工作（1 = 是；0 = 否）	-0.10 (1.04)	-0.12 (1.25)	-0.12 (1.25)
创业经历			
连续创业（1 = 是；0 = 否）	0.06 (0.72)		-0.02 (0.21)
创业失败（1 = 是；0 = 否）		0.24* (1.66)	0.26 (1.60)
项目控制变量			
项目以服务为主（1 = 是；0 = 否）	-0.19** (2.30)	-0.19** (2.34)	-0.19** (2.35)
2C 产业（1 = 是；0 = 否）	0.03 (0.29)	0.04 (0.43)	0.04 (0.42)
投资年份（1 = 2015 年、2016 年；0 = 否）	0.15 (1.45)	0.14 (1.37)	0.14 (1.38)
R^2	0.048	0.063	0.063

注：+样本量为 148，*、**、*** 代表在 10%、5%、1% 的水平下显著。有融资能力：表示能够获取 Pre – A 轮及以上轮次或者直接获得 Pre – A 轮以上的能力。

资料来源：笔者分析整理。

表 4-16　中国农业创业项目与渐入式创投（2010~2016）：Order Logit 回归分析

	投资轮次（Y=1，2，3，4，5）[1]					
	（1）	（2）	（3）	（4）	（5）	（6）
教育和工作经历						
学历水平（1=研究生以上；0=否）	-0.16 (0.32)	-0.12 (0.24)	-0.07 (0.13)	0.79 (1.53)	0.77 (1.47)	0.88* (1.70)
农业工作（1=是；0=否）	0.04 (0.07)	0.10 (0.18)	0.02 (0.04)	-1.11* (1.91)	-1.04* (1.82)	-1.20** (2.07)
农业教育（1=是；0=否）	-0.02 (0.05)	-0.07 (0.17)	-0.15 (0.35)	0.75 (1.21)	0.68 (1.07)	0.61 (0.95)
留学海外（1=是；0=否）	-0.65 (1.51)	-0.66 (1.59)	-0.70 (1.64)	-0.50 (1.09)	-0.48 (1.07)	-0.56 (1.21)
创业经历						
连续创业（1=是；0=否）	0.05 (0.14)		-0.51 (1.34)	-0.24 (0.59)		-0.66 (1.49)
创业失败（1=是；0=否）		1.17** (2.31)	1.54*** (2.76)		0.70 (1.10)	1.16* (1.74)
项目控制变量						
项目以服务为主（1=是；0=否）	-1.17*** (2.94)	-1.12*** (2.95)	-1.17*** (3.00)	-0.63 (1.27)	-0.57 (1.18)	-0.61 (1.24)
2C 产业（1=是；0=否）	0.02 (0.07)	0.14 (0.37)	0.13 (0.35)	0.06 (0.15)	0.11 (0.27)	0.12 (0.28)
投资年份（1=2015年、2016年；0=否）	0.96** (2.09)	0.84* (1.86)	0.88* (1.92)	0.33 (0.82)	0.31 (0.75)	0.33 (0.83)
基金控制变量						
农业投资额占当年机构投资额比例（%）				0.54 (1.34)	0.62 (1.47)	0.54 (1.33)
是否创投机构联合投资（1=是；0=否）				0.68 (0.80)	0.49 (0.60)	0.49 (0.59)
常数项 1	-0.35 (0.67)	-0.23 (0.44)	-0.34 (0.64)	-0.14 (0.27)	0.05 (0.11)	-0.12 (0.23)
常数项 2	1.74*** (3.26)	1.93*** (3.56)	1.83*** (3.32)	2.10*** (3.89)	2.31*** (4.22)	2.17*** (3.98)
常数项 3	2.93*** (5.55)	3.19*** (5.78)	3.11*** (5.54)	3.56*** (5.92)	3.78*** (6.21)	3.66*** (6.02)
常数项 4	3.69*** (6.14)	3.95*** (6.05)	3.88*** (5.85)	4.10*** (5.94)	4.32*** (6.06)	4.21*** (5.87)
R^2	0.042	0.058	0.062	0.037	0.042	0.050

注：第一列至第三列样本量为148；由于缺失部分创投机构的联合投资数据，第四列到第六列样本量为130。*、**、***代表在10%、5%、1%的水平下显著。

资料来源：笔者分析整理。

结果同时表明，项目类型和基金等控制变量也与创业企业获取渐入式资本投入有关。模型结果表明，农创项目的商业模式与渐入式创投资本无关，新零售和新商业农创企业对创投资本轮次没有影响。但是，农业创投资本偏好产品类项目，服务类项目获取后天使轮的概率显著低于产品类项目。为了控制创投基金和机构特征可能对渐入式创投的影响，模型中将其加入作为控制变量。结果表明，机构特征在农业创业企业渐入式创投资本投入方面没有直接影响，目前农业创投的机构优势和特点还没有形成。

三、讨论和结论

实证分析结果清晰地验证了科兹纳（Kirzner）创业理论和管理学创业理论的分歧，表明创业是创业者通过自我行动和失败认知的“机会创造”过程，而不是“机会识别”。多元回归分析结果表明，创业者的教育和工作经历等对渐入式创投没有影响，而连续创业，尤其是创业失败经历，显著地影响创业者获得渐入式创投资本。创业者的可投资价值是“不完全信息”，投资者无法从创业者的已有教育和工作经历进行识别，创业者只有通过自己的认知、实践和行动表明创业项目的商业价值和自身价值。而对于投资者，即便项目商业计划书和创业项目表现出相同的成长性及价值，但投资者更偏好有创业经历（尤其是创业失败经历）的创业者和创业项目。

本书对科兹纳创业理论的证伪具有一定学术价值、商业价值和政策价值。科兹纳的“机会识别”理论认为机会是客观存在的，而只有特定潜质的人方可发现和识别创业机会。虽然科兹纳的“机会识别”理论及相关学派观点是经济学理论对于创新和创业本质的高度抽象，但对该理论的不正确理解（加上由于概念不清晰的错误翻译形式）容易将创新过程超自然化，从而弱化了人类活动（包括政府政策）对这一过程的干预。此外，该理论将创新与创业者的企业家精神部分特定品质的形而上和“宿命论”联系，弱化了商业实践中创业者的果敢行动以及失败的积极意义。实证研究证实了管理学领域对创新和创业本质的判断，认为专业知识以及前期经历对创业成功的影响并不显著，长期从事和浸淫在某个特定行业容易受固定思维模式禁锢，并不利于颠覆式创新。最后，研究揭示创投和创业的本质和过程是创业者行动的逻辑以及资本市场对创业者前期失败的“追偿”，是有限理性下社会实现创新的内在机制和机理（March，1991；March & Simon，1958）。

第五章

股权创投与政府引导模式

近年来，在国家深化改革投融资体制改革以及“大众创业、万众创新”的背景下，各地出现大量以“产业基金”和“引导基金”冠名的政策性基金，一方面体现了地方探索制度创新，努力转变政府职能并发挥市场配置资源的基础性作用；但另一方面也出现诸多不规范行为，弱化股权合作和创投的市场化机制和制度优势，导致政府职能越位、缺位和错位，背离了政策初衷并扰乱了创投市场秩序。因此，分析和讨论具体实践模式具有较强的时效性和针对性。

本章第一节介绍国内外政策性基金的引导模式及其评价与评估体系，第二节通过剖析 A 省特色农业产业基金案例，讨论政策性基金不同股权引导模式的优缺点及适用条件，提出我国政策性引导基金在农业领域的设计方略和路径。

本章主要观点和信息摘录如下。

(1) 股权创投形式的创业项目具有颠覆式创新潜力，可以在全社会范围内形成“链式”创新，对经济增长和社会进步具有重要意义。政策性引导基金在理论上有助于缓解市场失灵问题，发挥国有资金的杠杆放大作用，引导更多社会资本投资国家重点战略领域，推动创新创业。因此，产业和创业引导基金的本质是股权投资形式的政策性基金，具有准公共品属性。

(2) 发达国家积极使用并发挥政策性基金的作用，引导方式以杠杆出资（参股子基金和参股母基金）和风险补偿为主，以投资保障为辅。

(3) 我国中央和地方引导基金形式各异，“跟进投资”的联合投资方式较为普遍，政府直接干预和控制意图明显。

(4) 政策性基金的及时、合理和科学评价与评估对于切实转变政府职能、规范创投市场具有重要意义，但现有指标体系和估值方法难以适用于颠覆式创新的创业形式。

(5) A 省农业产业基金政府出资 2 亿元，社会资本以不低于 1:1 募集，基金设立规模为（五年内）100 亿元；运营由专业基金管理人负责；基金管理人以基金总额 0.5% ~1% 比例参股和认缴；农业基金设立一系列制度保障基金政策性目标，包括投资决策委员会、项目储备库、信息通报制度以及一票否决权等。

(6) A 省农业基金引导模式介于参股母基金和联合投资模式之间，杠杆效用和对基金管理人的激励约束效果不明显，对创投项目的引导力适中。实际操作中，产业和创业政策性基金的引导模式须综合考虑政策性目标、产业特性以及其他现实约束条件，选取适合的模式。

（7）农业领域政策性基金的引导模式应充分考虑并体现农业特性，对于公益性较强和社会价值较高的领域通过联合投资方式进行引导。同时，农业创投项目的集群和链状特性明显，参股母基金和子基金有助于扩大政府资金的杠杆效应，引导社会资本进行系统布局，促进第一、第二、第三产业融合。政策性引导基金需要顶层设计，与其他农业综合开发项目配合并协调，体现发展与公平、政府与市场、短期与长期以及局部与整体的有机统一。

第一节 产业和创业基金引导模式及其评价

一、引导模式

（一）产业创业基金引导模式的国际经验

发达国家产业创业基金的引导模式着眼于风险补偿机制（Durufle, 2010）。由于创新和创业面临较大不确定性，因此引导基金以“风险分担”方式为创业投资机构出资人和管理人进行风险补偿，包括为创投机构出资人提供融资担保、资本损失补偿、参股商业性创业投资母基金，参股创业投资机构基金（“跟进投资”和“平行投资”）、与创业投资机构联合投资或提供风险和亏损补助等。此外，政府还可以以“投资保障”的方式为创业投资机构有意向投资的早期企业提供投资（或进行专项补助、贷款担保或贴息等），改善早期企业的融资条件，降低经营不确定性，从而降低创业投资机构投资创新项目的投资风险（见图5－1）。

发达国家在通过政府引导基金支持创业和产业发展等领域积累了相关经验（刘健钧，2006；李建良，2015b）。

第一，政府引导以杠杆出资为主，以提供投资保障为辅。政府资金直接投资创业企业等形式为创业企业提供投资保障的做法只是辅助方式，主要以少量出资作为杠杆，吸引带动民间资本进入创新领域。

第二，政府杠杆出资模式以参股基金和联合投资为主，以融资担保和补助为辅。参股基金包括直投子基金和参股母基金，其中母基金可以是政策性也可以是商业性；联合投资大多跟投私人投资进行。

第三，不同国家和地区在选取引导模式时，应结合自身财政预算体制和状况，同时结合股权创业投资基金市场的发育程度等现实条件，选取适宜模式。

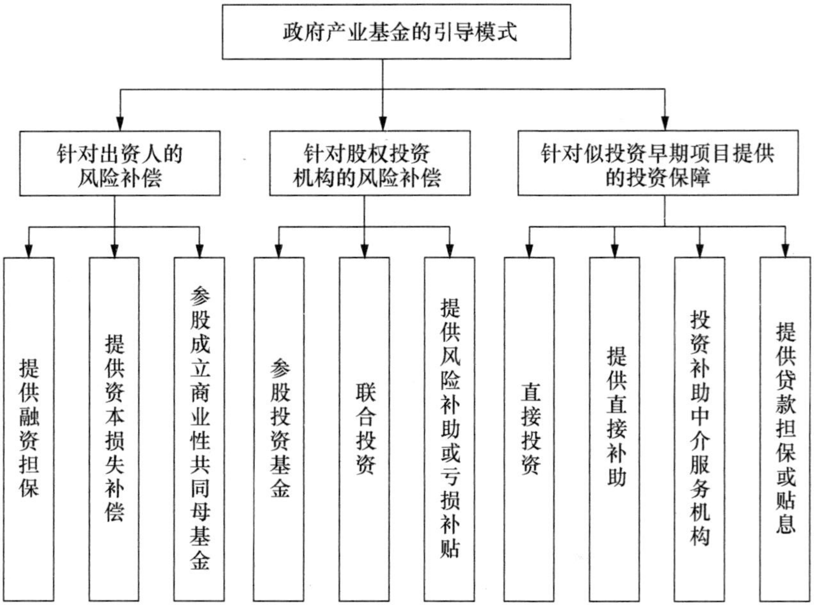

图5－1　政府产业基金的引导模式

（二）我国产业基金和引导实践

创业和产业基金引导可以分为中央和地方两个层面。在中央层面，引导基金均由中央财政独家出资，但引导模式各异。财政和科技部联合实施的《科技型中小企业创业投资引导基金管理暂行办法》（财企〔2007〕128号）涉及多种引导模式，包括阶段参股、跟进投资、风险补助和投资保障等。2011年，国家发改委和财政部联合实施的“国家新兴产业创投计划专项资金”中，采用了单一的参股基金引导模式。

从地方政府层面，引导基金包括地方财政独资设立和地方财政联合外部机构合资设立产业引导基金两种①。从投资范围上，地方引导基金分为全国性和当地（区域）两种。例如，上海市政府率先于1999年8月成立“上海创业投资有限公司”，初期基金规模为6亿元，投资范围为全国。中新苏州工业园区创业投资有限公司和国家开发银行2006年联合成立了“苏州工业园区创业投资引导基金”，基金规模为10亿元，投资范围为全国。大多数地方引导基金投资范围仅限于当地。例如，北京市海淀区政府2006年成立“北京市海淀区创业投资引导基金”，基金规模5亿元，用于支持海淀区创新创业工作。此外，北京市政府联合外部机构合资（启迪创业投资有限公司、深圳市创新投资集团有限公司、北京晨光创业投资有限公司、中国银河投资管理有限公司、张江汉世纪创业投资有限公司）于2008年成立了“北京市中小企业创业投资引导基金”，基金规模为8亿元。

中央和地方专项引导基金多采用“跟进投资”的联合投资方式。例如，财政和科技部联合实施2007年“科技型中小企业创业投资引导基金管理暂行办法”中涉及包括跟进投资在内的四种引导模式并于2009年启动多项投资。财政部、科技部聘请专家组成引导基金评审委员会，对引导基金支持的项目进行评审，并委托科技部科技型中小企业技术创新基金管理中心负责引导基金的日常管理，引导基金跟进投资后形成的股权则委托共同投资的创业投资机构进行管理。引导基金按照投资收益的50%向共同投资的创业投资机构支付管理费和效益奖励，剩余的投资收益由引导基金收回。引导基金投资形成的股权在5年内退出，股权退出由共同投资的创业投资机构负责实施，共同投资的创业投资机构不得先于引导基金退出其在投资对象的股权。

与中央引导基金相比，地方政府引导基金的跟进投资模式设计上特点鲜明。例如，苏州工业园区在其出台的《苏州工业园区创业风险跟进

① 资料来源：清科研究中心：《2010年政府引导基金专题研究报告》。

投资管理办法》中明确规定政府配套资金的跟进投资额为创业投资企业该轮投资额的30%左右，对于同一个高科技企业，配套资金只能参与投资一次且单笔跟进投资额最高为400万元。如果项目投资成功，创投机构有权按配套资金的投资成本加同期银行贷款利率的价格，依出资比例购买配套资金所占股权。如果项目投资不成功，则项目公司清算所得资金的分配顺序依次为创投机构、政府配套资金和创业团队。苏州工业园区的跟进投资引导模式赋予基金投资方更多激励，同时弱化政府对项目的直接管理和剩余索偿。与此相比，中关村科技园区创业投资引导基金的跟进手段更加多样化和灵活，包括平行基金和项目跟进两种。其中，前者指在约定期限内，北京市中关村创业投资发展中心（政府方）按照创投企业（合作方）所投资园区企业资金总额的一定比例（10%～30%）提供股权投资资金，委托合作方投资园区内企业并进行股权管理。平行基金跟进投资的资金采取委托管理的方式，由政府方委托合作方进行管理。平行基金跟进投资的合作伙伴需满足"累计投资超过2亿元或受托管理资金超过5亿元，并已有在境内外成功上市的投资案例"等条件。与平行基金不同，项目跟进指合作方选定项目后，北京市中关村创业投资发展中心以同等条件按照合作方实际投资额的一定比例（10%～30%）进行跟投并委托合作方进行股权管理。此外，政府方对每个项目的跟投仅限于一次且单笔投资额不超过300万元（超过100万元采取分期投入）。政府方向合作方支付托管报酬，金额为所投资项目分红的50%及（政府方投资退出后）资本增值收益部分的50%。

除了跟进方式的联合投资外，中央政府近些年还摸索了参股基金引导模式。2011年发改委和财政部发布《关于印发〈新兴产业创投计划参股创业投资基金管理暂行办法〉的通知》（财建〔2011〕668号）。与联合投资的机构化管理不同，新兴产业创投计划参股创业投资并不设立专门管理机构，而是采取"出资委托代持＋投资委托管理＋资金专户托管"的形式运营。首先，国家发改委与财政部与各级地方政府签署

《关于联合设立创业投资基金的合作协议》，并与引导基金受托管理机构签署《产业技术研究与开发资金参股创业投资基金资金委托管理协议》。中央财政出资资金与地方政府资金、其他出资人共同按参股基金章程约定向参股基金管理机构支付管理费用。管理费用由参股基金企业支付，财政部不再列支管理费用。年度管理费用一般按照参股基金注册资本或承诺出资额的1.5%～2.5%确定，具体比例在委托管理协议中明确。其次，参股基金增值收益（回收资金扣减参股基金出资）的20%奖励参股基金管理机构，剩余部分由中央财政、地方政府和其他出资人按照出资比例进行分配。截至2013年底，经过严格的申请、推荐、专家评审、尽职调查等规范程序，新兴产业创投计划已参股设立了141支创业投资子基金，基金总规模达到470亿元，其中中央政府出资70亿元，政府出资均不超过每只子基金承诺出资总额的20%以放大引导基金的杠杆效应（李建良，2015b）。

地方政府也积极摸索了参股基金引导模式，衍生出不同的实践模式。2008年，北京市政府联合社会资本成立"北京市中小企业创业投资引导基金"，引导基金规模9.2亿元。截至2012年12月，合作创业投资机构协议出资26亿元，引导基金杠杆系数近4倍；同期中小企业股权投资额约为8.93亿元，占总投资项目投资比例的93.65%（北京市经济和信息化委员会）。2015年12月，北京市财政局和北京市经济和信息化委员会联合发布《北京市中小企业创业投资引导基金管理细则》（以下简称《细则》），进一步明确和规范了引导基金组织架构、运行方式、参股原则、退出及监督管理。其中，该引导基金明确以天使期、初创和早中期科技创新企业为投资对象，参股的基金管理公司出资额度不得低于创投机构注册资本的1%，政府参股比例不超过40%且不得为第一大股东，对单个企业的投资不得超过参股创投机构资本总额的20%，其他股东不得先于引导基金退出。2010年，深圳市政府出资设立"深圳市创业投资引导基金"，资金总额30亿元，引导社会资本投资互联网、新能源以及新一代信息技术等战略性新兴产业的初创期和早中期企业（项目），推动自主创新和科技成果转化。与北京市中小企业创业投资引导基金不同，深圳市创业投资引导基金采取母基金方式运作，不直接从事创业投资业务；投资业务由引导基金参股的创业投资子基金进行。该引导基金日常管理由深圳市创业投资引导基金管理委员会办公室负责，为深圳市政府直属事业法人单位。

二、产业和创业引导基金的评价与评估

随着产业和创业引导基金规模和影响逐渐扩大，为了确保参股民间社会资本运营符合政府引导基金所设定的政策目标，同时建立并促进基金管理人的市场声誉机制，有必要对引导基金及其参股基金在运营期内进行及时、合理和科学的评价。因此，政策性引导基金的评价体系和方法的重要性也非常突出。

政策性产业和创业引导基金与商业性投资基金的管理评价体系有明显差别。商业性创业投资基金主要以投资汇报作为运营目标，包括基金净值（NAV）、内部收益率（IRR）、总回报倍数（TVPI）、回报投入比例（DPI）等评估指标。而政策性基金运营具有双重目标，既要考虑自身投资回报，又要兼顾政策目标（如行业分布、投资项目数及金额、资金放大倍数、就业岗位数及投资项目成功率）。因此，政策性引导基金的管理方法需要定量与定性相结合。

目前，国内尚未形成适用于政策性引导基金评价的指标体系。实践中除了常用的财务指标，基金估值还可以考虑借鉴私募股权定量估值方法（例如，相似特征同位体的四分位定量评估）和欧洲投资基金（EIF）的定性评价方法（李建良，2015a）[①]。其中，定性指标分为四个维度（见表

① 欧洲投资基金成立于1994年，是欧盟所属机构之一，总部设于卢森堡。该基金向中小型企业提供资金支持，主要业务为创业投资和担保贷款。详细信息参加其官网 http：//www. fei. eu. int。

5－1)，涉及政策效果（是否投向高新技术企业、是否投向中小企业、是否投向早期企业等）、基金管理（管理人财务稳定性、业绩记录以及基金管理团队成员的能力与激励机制、内部流程、运营策略和基金条款）、基金业绩（净内部收益率、投入资本加权平均内部收益率、投资退出回报倍数等）以及引导基金角色和作用（资金筹资、运营以及资本撬动能力等）。

政策性引导基金评价的着眼点在于公共财政政策效果。《关于创业投资引导基金规范设立与运作的指导建议》（国办发〔2008〕116号，以下简称“116号文”）指出，新兴产业基金引导的5个政策目标为：①支持创新，扶持高科技产业化；②放大资金规模；③追求资金安全；④市场运作；⑤规范管理（见图5－2）。财政部和国家发改委于2011年8月和2012年陆续发布《关于〈印发新兴产业创投计划参股创业投资基金管理暂行办法〉的通知》（财建〔2011〕668号，以下简称“668号文”）以及《新兴产业创投计划参股创业投资基金设立方案指引》（以下简称“申报指引”），对上述政策目标做了进一步明确和细化，在一定程度上提高了政策目标的可执行性（见表5－2）。

当前政策性创业和产业引导基金评估体系面临若干问题，制约并影响了评价评估的及时性、科学性和合理性（李建良，2015a）。首先，商业性基金管理评价方法的前提条件是有相当数量同位体基金和历史数据，但我国创投市场和行业发育时间短，可供参考的有效数据样本较少且公开性较差。其次，政策性产业和创业引导基金的管理评价体系包括合规性评估、基金价值评估和政策目标效果评估三部分，但政策性目标的定性指标量化评估与权重设置缺乏统一标准，不利于合规性审查。合规性评估是核心，基金价值评估是支撑，政策目标效果评估是内容延伸。由于我国创投市场发育时间短，缺乏熟练管理人才，引导基金及参股基金团队大多缺少经验和历史数据，因此，引导基金管理评价体系需在定量指标基础上结合基金管理人的“动机—结构—行为—绩效”范式进行，全面系统地评价基金管理人的价值。

表5－1　政策引导基金管理评价体系、指标与方法

评价维度		评价指标	评价结果			
			好	满意	不满意	差
政策效果		是否投向高新技术企业	□	□	□	□
		是否投向中小企业	□	□	□	□
		是否投向早期企业	□	□	□	□
		是否投向约定范围内企业	□	□	□	□
基金管理	基金管理人能力	治理与财务稳定性	□	□	□	□
		业绩记录	□	□	□	□
		团队成员能力及激励动机	□	□	□	□
	基金管理人表现	内部流程	□	□	□	□
		运营策略	□	□	□	□
		基金条款	□	□	□	□
基金业绩	基金层面	净内部收益率	□	□	□	□
		（投入资本）加权平均内部收益率	□	□	□	□
	单个企业或项目	投资退出回报倍数	□	□	□	□
投资基金的作用		募资阶段	□	□	□	□
		起步阶段	□	□	□	□
		日常运营管理	□	□	□	□

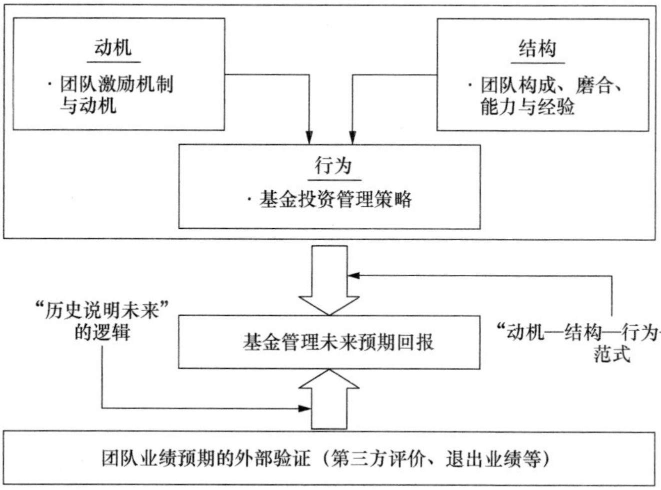

图5－2　"新兴产业创投计划参股创业投资基金"政策目标

资料来源：整理自李建良（2015a）。

表 5－2 “新兴产业创投计划参股创业投资基金”政策目标

“116 号文”的政策目标	“668 号文”细化内容	《申报指引》细化内容
1）支持创新，扶持高科技产业化	• 投资战略性新兴产业和高新技术改造提升传统产业领域及地区 • 投资创新型企业 • 投向初创期和早中期创新型企业的比例不低于 60%	• 投向的 60% 应明确产业领域 • 不支持投资于多个领域的基金申报 • 鼓励地方结合本地经济发展规划、产业基础、资源禀赋和科技优势等设立骨干产业基金
2）放大资金规模	• 每只参股基金募集总额不低于 2.5 亿元，除政府外其他出资人数量不低于三个、不超过十五个	• 政府基金占比不高于 40% • 首次出资不少于 30%，设立三年内应全部到位，投资期不超过四年
3）追求资金安全	• 禁止从事证券投资、抵押担保等业务 • 除基金管理机构外，单个出资额不低于 1000 万元 • 约定中央财政基金自行退出情形	• 个人出资应提交验资证明；合伙制基金的出资人应为法人 • 不支持信托出资人申报 • 及时填报“新兴产业创投计划参股创业投资基金管理信息系统”
4）市场运作	• 实行委托管理和资金托管，管理费率 1.5% ~2.5%，业绩奖励比例为 20%，先回本后分利 • 基金管理机构须由至少三名具备三年以上创业投资和基金管理经验的管理人员组成 • 基金管理机构须有至少三个创业投资成功案例 • 资金托管机构须为成立五年以上的全国性股份制商业银行	• 基金管理机构出资比例不低于基金规模 1% • 主要管理人员须专职且提供详细业绩证明 • 管理团队中两人及以上发生变化或出资人变更导致 50% 以上社会出资额变化时，须按规定程序重新申报和评审
5）规范管理	• 基金设立法律文件齐备 • 基金设立后六个月内按规定备案 • 基金设立运营后定期评估和报告绩效	• 申报材料应附管理机构营业执照、章程等详细信息 • 严禁各类非法集资和出资人代持行为 • 基金应符合国家规定的组织架构，建立规范的管理和风险控制制度

资料来源：整理自李建良（2015a）。

第二节　A 省农业产业基金及引导模式：案例剖析

一、A 省农业产业基金的参股基金引导模式

A 省农业产业基金的运作体现了政府引导设计、市场主体独立运营原则。2016 年，A 省人民政府基于该省特色农业资源优势，同时结合该省关于设立重点产业发展基金的总体方案，充分发挥政府投资的引导带动作用，2016 年成立特色现代农业产业推进办公室（农业厅牵头），联合社会资本，共同发起设立“A 省特色现代农业产业发展基金”（以下简称“农业基金”）。农业基金由该省发改委作为指导单位，由主管部门牵头，具体运营交由专业基金管理机构负责。农业基金采取有限合伙制，母基金以其在农业基金中认缴的出资额或认购份额为限，对农业基金债务承担有限责任。

农业基金来源主要由三方面组成。①母基金投资。在该省产业基金发展《总体方案》指导下，省财政列支 2 亿元作为母基金，母基金规模不超过基金总额的 30% ~40%。②社会资本募集。农业基金吸引民间社会资本（包括银行、保险公司、金融公司以及农业龙头企业等），以不低于 1∶1 的比例进行募集，提高财政资金放大倍数和杠杆效应。③农业基金管理人入股。按照通用标准，基金管理人以参股或认缴方式出资，比例不得低于基金总额的 0.5% ~1%。基于以上方案，基金资金分期募集，首期资金 25 亿元于 2017 年募集到位，五年内 A 省农业基金设立规模为 100 亿元。

农业基金投资、管理及退出由基金管理人独立运营。基金通过股权

和债权方式投资，主要投资于A省特色现代农业产业基础设施建设项目和产业发展重点项目。考虑到农业投资回收期和退出期长等特点，农业基金拟采取“3+5”年存续期的设定①。农业基金投资项目退出途径包括上市、股权出售、并购、管理层收购、清算退出等。

为了确保项目投资符合农业基金设立目标，A省农业基金建立了相应制度。首先，农业基金设立投资决策委员会，为项目投资的最终决策机构。投资决策委员会由农业基金管理人和出资人代表共同组成。其次，为保障农业基金能有效服务高原特色现代农业产业发展，农业基金在投资过程中，由相关部门提出项目清单，构建优先推进项目储备库，投资项目建议提交农业基金投资决策委员会组织评估论证后进行投资决策。再次，农业基金投资决策委员会建立投资决策情况报告、信息通报制度等内容，以便农业基金政府管理部门了解、掌握农业基金投资情况。最后，农业基金主管部门原则上不干预基金管理人的日常工作，但对投资决策明显不符合农业产业发展的投资行为可以行使一票否决权。总之，农业基金构建科学规范的投资决策及授权机制的同时，也强化了对基金的方向性控制和监督。

A省农业基金的引导模式虽然在投资决策和激励约束机制方面发挥了专业基金管理人作用，但政府引导基金的作用没有完全发挥（见图5-3）。第一，杠杆效用不明显。虽然社会资本参与放大了政府资金，但母基金由政府全额出资，放大效应仅体现在母基金参股子基金，没有由一级向二级甚至多级放大，杠杆效应有待提升。第二，一般合伙人（GP）参股基金的出资比例偏低，基金管理人承担风险偏小。第三，参股基金引导模式不足以引导社会资本投向真正的早期创新企业。创业投资偏好预期收益较高的成长型企业，初创企业并不在投资范围内。虽然引导基金目的是鼓励投资初创中小型企业，但在农业领域，真正符合这

① 母基金存续期一般为10年，其中前5年为投资期，后5年为退出期。

些条件的初创企业数量不多，从而出现“瞄准偏离”。《关于印发〈新兴产业创投计划参股创业投资基金管理暂行办法〉的通知》（财建〔2008〕668 号文）指出初创企业定义为：成立时间不超过 5 年，职工人数不超过300 人，直接从事研发科技人员占职工总数20% 以上，资产总额不超过3000 万元，年销售额或营业额不超过3000 万元。

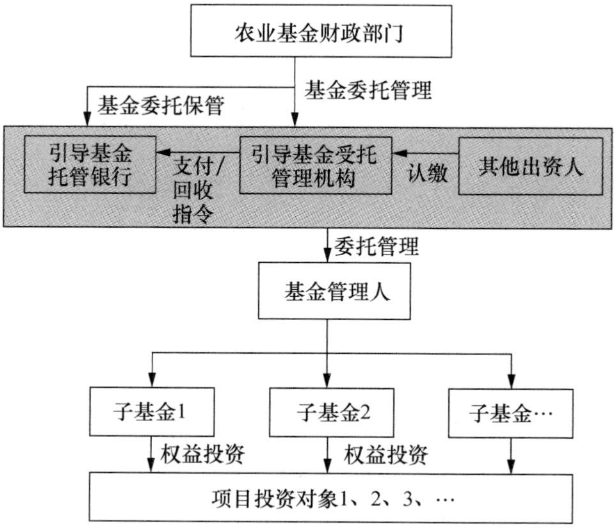

图 5－3　A 省农业产业基金引导模式

二、其他引导模式及评述

A 省农业基金还可以考虑其他方案（如联合投资和参股/共同母基金）。对比 A 省农业基金与其他引导模式，有助于总结产业基金各种引导模式的使用条件及优缺点，探索适用于不同地区和发展阶段的引导模式，具有一定学术、政策和实用价值。

（一）参股/共同母基金

共同母基金也称参股母基金，指引导基金通过参股方式与有经验和声望的创投机构共同发起成立新的商业性或政策性母基金，然后投资相关创业投资基金（见图5－4）。与引导基金直接参股项目相比，共同母基金引导模式的关注点不在项目，而是创业投资基金，更关注基金管理团队的基金组合策略和管理能力。共同母基金向引导基金管理机构（或其受托管理机构）申报，经过尽职调查和审核后确定。引导基金对共同母基金参股比例不超过总募资总额的20%，且与其他社会出资人同股同权。

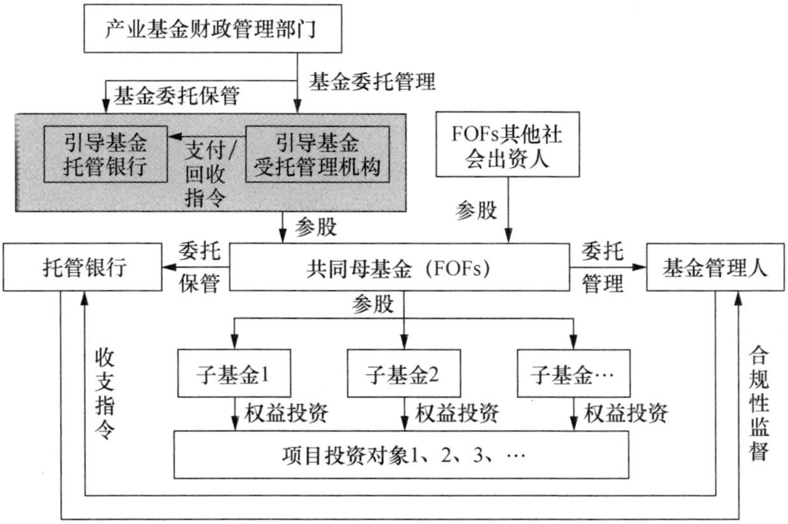

图5－4 参股/共同母基金引导模式

共同母基金的优点在于放大引导基金的杠杆作用，有助于扩大权益性资金规模，投向更多初创期创新项目。由于共同母基金由引导基金和专业创业投资基金联合成立，同时母基金又投资子基金，从而将引导资金进行了二级放大，提高了投资杠杆。以A省农业基金为例，如果引导基会按照20%参股共同基金，其他基金募资8亿元，共同母基金规模为10亿元。同时，如果共同母基金投资子基金比例也为20%，则相当于引导基金在子基金的参股比例为4%，其放大倍数为25倍。在现有模式下，母基金全部由 A 省财政投入，一级杠杆缺失。如果投资子基金比例为 25%，引导基金放大倍数为 4；如果投资子基金比例为 50%，引导基金放大倍数仅仅为 2。

共同母基金的缺点是先行管理成本较高。引导基金首先将母基金托管（并成立母基金管理机构），母基金继而托管相应子基金，形成多级托管并产生相应管理费和业绩奖励支出，其显性成本要高于参股基金。A 省农业基金全额母基金由政府部门（农业部门）承担，虽然降低了母基金管理费用，但牺牲了杠杆效应。此外，政府工作人员欠缺相应知识和经验，同时缺乏相应的激励机制，弱化了产业基金的股权激励优势，市场机制没有充分发挥。

（二）联合投资引导模式

联合投资引导模式由政府产业投资引导基金的管理部门（包括委托管理模式下的受托管理机构）与认定的联合投资合作伙伴（类似基金管理人）按约定的出资比例和同等条件，共同对合作伙伴选定的创投项目进行投资，并委托合作伙伴对引导基金投资所形成的股权进行管理，具体实践包括项目跟进投资和平行基金两种。

联合投资引导模式下政府专项引导基金主要涉及资金管理机构、受托管理机构和联合投资合作伙伴（见图 5 -5）。政府产业基金由受托管理机构（例如 A 省农业部门）负责，符合条件的创投机构（包括天使投资人）向受托管理机构提出申请，经过尽职调查后由财政资金管理部门核准，并授予其投资资金额度，要求其在约定时间内（通常为 3 年）使用完毕；到期末未使用完的资金由受托管理机构收回并在合作伙伴中重新分配。

政府对联合投资引导模式的投资决策影响较大。联合投资方对投资项目进行筛选、尽职调查和评估决策，受托管理机构只做合规性评审，不做商业判断。同时，对于意向投资项目，政府引导基金和联合投资方按照约定出资比（一般为 1∶1）和同等条件共同投资，政府引导基金对

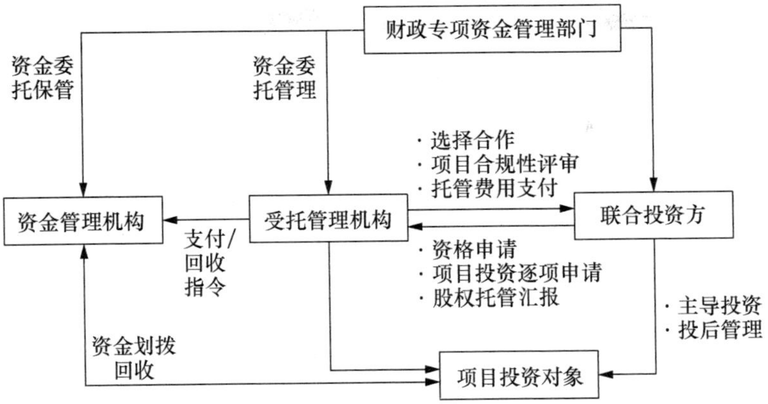

图 5－5　联合投资引导模式

单个企业投资额不得超过 500 万元。联合投资形成的股权由联合投资方管理，并向联合投资方支付管理费。联合投资方不得将引导基金投资退出后回收的资金直接用于再投资。

联合投资引导模式遵循“项目对项目”和“同等条件，同股同权”原则。引导基金或其受托管理机构对联合投资方进行尽职调查后，向联合投资方支付管理费（实际拨付投资额的 2%）。托管股权年度分红和投资退出收益的 20%（或者为投资企业年度分红的 50% 及投资退出实现收益的 50%）；如果投资退出发生亏损，联合投资方的前期分红予以扣除。引导基金和联合投资方不得在投资 3 年内要求被投资企业回购出资或清算，未经引导基金受托管理机构书面同意，联合投资方不得先行退出。同时按照“同等条件”依投资比例共同退出。引导基金可先行退出投资股权，联合投资方按照“同等条件”可选择同步退出或优先认购。

与共同母基金引导模式相比，联合投资有两个优点。首先，联合投资引导模式中政府资金的引导力度大，更适合引导社会资本投向真正的早期企业。其次，激励约束机制更加有效。共同基金引导模式下，基金管理人的出资额只占整个出资额的 1% ~2%，比单独年份的管理费还要少。如果无限责任约束软化，基金管理人的“道德风险”问题严重。

联合投资引导模式下，政府是跟投者，出资比例不高于联合投资方。若项目投资失败，联合投资方的损失要高于政府；若项目成功，联合投资方可行使回购股权，潜在收益放大。因此，联合投资“同股同权”使得社会资本投资高风险高收益对称，激励约束效果明显。

（三）三种模式比较

上述三种引导模式有如下区别和不同。首先，引导基金杠杆作用不同。共同母基金通过参股母基金和子基金（甚至项目），杠杆作用多级放大；A省农业基金母基金中社会资本参股比例较低，杠杆效应次之；联合投资引导模式的直接投资项目，杠杆效应最弱。其次，政府引导力和控制力不同。联合投资引导力最强，有助于引导投资初创和早期企业；A省农业基金适中，共同母基金引导模式政府引导力较弱。最后，对基金管理人的激励约束不同。联合投资通过“项目对项目”和“同等条件，同股同权”等项目跟进方式，激励和约束机制更有效。共同母基金不直接参与并影响项目投资决策，对基金管理人的激励约束取决于基金组合以及子基金的激励约束方案。A省农业基金没有明确强调引导基金与其他出资人认缴资金“同股同权”，剩余收益分配的顺位方案中，政府引导基金前置于其他出资人，弱化了出资人激励。此外，基金管理人实际认缴比例过低（农业基金总额的1%），不利于对基金管理人形成有效约束。

政府产业基金引导模式没有最优选择，实际操作中需综合考虑政策目标、产业特性以及客观约束条件，选取最适合的引导模式。参股/共同母基金适用于行业中基金管理人集中度高，有相当数量的经验丰富同时有业界声誉的创投机构。联合投资的项目导向性明显，同时政府具有足够规模的资金进行引导。A省农业基金引导模式是介于联合投资和共同母基金之间的折中方案，虽然引导基金的杠杆作用和激励约束机制方面未能将股权基金的制度优势充分发挥，但是随着国家农业产业以及创业投资基金逐渐成熟，其引导模式可以向其他模式过渡。

农业产业基金引导模式应充分考虑并体现农业特性。首先，农业项目和投资周期长、不确定性大，同时涉及公共利益和福利，因此对于具有战略意义的重要领域，引导基金应以风险补偿原则为基础并与社会资本进行联合投资。其次，农业项目涉及产前、产中和产后诸多领域，项目的集群特性和链条利益明显，联合投资引导模式受引导基金规模限制，难以产生系统性影响。共同母基金引导模式杠杆效应明显，可通过参股母基金和子基金，引导社会资本整体布局，促进第一、第二、第三产业融合。最后，农业项目对基础建设的依赖度较高（例如物流、灌溉、冷链以及质量标准体系等），农业基金的引导效果很大程度上取决于基础建设及其管理，从而出现农业基金引导投资集中"扎堆"现有基础设施较高的优势区域，不利于区域平衡发展以及包容性增长。因此，农业基金需要进行顶层设计，将农业基础建设等公共项目（及其政府社会资本公私合营 PPP 模式）和农业引导基金有机结合，体现政府与市场、短期与长期以及局部与整体的有机统一。

三、本章小结

本节介绍了产业和创业政策性基金的引导模式，剖析了 A 省农业产业基金引导模式并与其他引导模式进行比较，归纳总结了我国产业基金引导模式的制度设计与安排。研究表明，A 省农业产业基金以政府专项引导基金为母基金，吸引鼓励民间社会资本参与，按照市场机制委托有经验的创投机构运营，通过一系列制度设计（基金管理人参股、约定预期收益率、管理费预拨和抵扣、剩余收益分配顺位等），努力避免基金管理人道德风险问题。同时，A 省农业基金通过制度安排（政府全额母基金、投资决策委员会、备选项目信息数据库、信息披露、审查以及一票否决等）保障和强化了政府对项目投资的控制及影响。但与其他引导模式（共同母基金和联合投资）相比，A 省农业产业基金引导基金在杠杆作用以及对基金管理人激励约束机制方面有进一步改善空间，充分发挥了股权基金的制度优势。

系统研究产业和创业基金及其引导模式对于科学认知股权创投原理、规范我国政策性基金实践具有重要意义。当下，国内对产业政策的讨论异常激烈，产业基金及其引导模式有助于思考市场失灵和政府的作用及局限性，对于当下各种类型以“产业基金”和“引导基金”冠名的政策性基金及其不恰当干预具有一定针对性。

第六章

创新创业教育：理论、实践与政策

随着创新创业（双创）成为中国经济增长的重要推动力和国家战略，创新创业教育的重要性也日益突出。除了高等院校和科研机构等传统教育机构，新兴互联网公司和创投机构也积极投入教育并引入了与众不同的方法与创新；双创教育的参与主体和方法逐步多元化，呈现出各个主体间的竞争性以及基于资源优势的联合。但是，有创业经济理论认为，创新是市场过程的内在机理以及实践的逻辑，无法通过传统教育实现。创新和创业的经济学理论与创新创业教育是内在一致的还是矛盾的？创新和创业能力能否通过教育和培训获取？创新创业教育具有理论正当性？高等教育机构开展创新创业教育实践应当遵循什么原则？思考和探讨以上问题对于理清思路、深化认识以及指导实践具有一定的学术价值、商业价值和政策价值。

本章第一节介绍当前我国创新创业教育现状；第二节系统梳理创新和创业理论，揭示其对创新创业教育实践的指导意义；第三节总结我国创新创业教育面临的挑战、机遇与对策。

本章核心观点和信息摘录如下。

（1）创新创业教育在我国经历了四个阶段，体现出不同阶段对创新创业本质的认知变化（就业选择、职业规划、工商企业管理等技能培训、科学认知及实践的内在统一）以及政策导向。

（2）随着知识经济兴起，网络教育项目、新兴互联网企业以及创投机构积极参与并大力投入创新创业教育，与传统教育机构形成竞争与合作的多元化教育体系和格局。

（3）我国高等院校创新创业教育面临缺乏理论指导、重视程度不够、管理模式僵化、观念陈旧、师资力量薄弱、（由于科研人员创业比例低导致）缺乏优质内源性创新创业教育资源、学生创业理念和动机社会化等问题。与此同时，"大众创业、万众创新"形成的良好生态环境和文化、新兴互联网和科技技术的兴起、智能手机广泛普及以及创投基金和机构的快速增长等为我国创新创业教育提供了前所未有的机遇与平台。

（4）由于不同经济学流派对于创业和创新本质的认知不一致，从而出现关于"创新创业教育正当性和合理性"的争论。舒尔茨（新古典经济学派）使用"人力资本"（Human Capital）表述企业家精神和能力，认为教育可以实现人力资本回报并为社会提供创新。而奈特和科兹纳等新奥地利经济学派学者以及熊彼特认为，创新和企业家精神是经济学解释市场机制的抽象概念形式，不是生产要素或商品，无法通过正规教育提供。

（5）创新创业的经济学理论及分歧对创新创业教育实践具有实际指导意义。创新创业教育不是工商管理知识技能培训和知识教育，而是创新思维、认知模式、领导力以及合作等通识教育，涉及经济学、管理学、心理学以及认知哲学等诸多领域；创新创业教育体现自我驱动、自省、认知、行动实践以及与他人合作等非结构性知识等特点，传统教育机构需要联合创业先锋和创投机构，根据各自资源优势，共同设计培养方案和课程大纲，促进上述能力的形成与培育。

（6）创投、创业和创新理论指导人们在适合的条件下科学理性创业并进行职业规划。这对于我国当前高校在校生、毕业生以及科研人员不合理使用家庭财富进行盲目和冲动创业的社会现象具有较强的针对性。除了提供创新创业教育，高等院校等正规教育机构在提供平台、对接创业资源以及引导培育积极健康的创业理念和创业文化等方面发挥了重要作用。

（7）我国创新创业教育亟须构建以失败为核心的思维训练、认知重塑以及生态体系，促进形成积极的“失败学习”的态度以及以创投等市场化手段为核心的惩错和容错机制，推动颠覆式创新对社会经济发展的贡献。

第一节 我国创新创业教育现状及问题

随着创业和创新对经济增长贡献率提高，创业教育在教育体系中的重要性日益突出，逐渐成为重要的课程设置和学科建设内容。创业教育自20世纪80年代中期开始在国外兴起，主要集中在大学商学院和管理学院专业课程和领域，涉及企业设立、并购、公司组织形式以及企业内部治理等。进入90年代后，各学科领域逐渐开设各自的创业教育课程，出现了社会创业、家庭创业管理、政治创业、艺术创业以及各技术领域的创业课程（Finkle & Deeds，2001）。以美国为例，2003年共有1600个学校开设了近2200项创业课程，设立可277个长聘教职以及100多个专业机构（Kuratko，2003）。进入21世纪后，随着创新创业研究在战略管理、心理学以及认知哲学等领域的逐渐深入，相关教育的内涵及方式方法不断丰富，成为大学通识教育的重要组成部分并设立博士点开展教学科研。

《中国高校创新创业教育发展蓝皮书2016》（以下简称《蓝皮书》）将我国高校创新创业教育分为四个阶段。第一阶段（2002年之前）主要以培养民营企业家为主要目的，清华大学和浙江大学的经济管理学院联合其他高校在1998～1999年组织了创业计划和比赛，并试点开设了创业课程。第二阶段（2002～2008年）体现了明显的就业导向，包括2006年十四个部委联合下发的《关于进一步做好2006年高校毕业生有关工作的通知》，其间教育部特批浙江大学作为首个高校管理类学科开设“创业管理”专业硕士点和博士点。第三阶段（2008～2010年）体现出由就业向创业过渡的政策引导。2007年，党的十七大报告明确提出“促进以创业带动就业”的战略方针，强调“完善支持自主创业、自谋职业政策，加强就业观念教育，使更多劳动者成为创业者”。2010年5月，教育部印发了《关于大力推进高等学校创新创业教育和大学生自主创业工作的意见》，成为历史上第一个推进创业教育的全局性文件。第四阶段（2010年至今）在“大众创业、万众创新”的背景下，着重体现了创新的教育内核，并提出将创新创业教育融入高校教育体系，成为面向全体学生的素质教育。2015年国务院办公厅下发《关于深化高等学校创新创业教育改革的实施意见》，提出创新创业教育的实质是以创新为基础的创业，使创新创业成为驱动经济社会发展的新动能和引擎。除了全国高等教育机构，职业技术院校也开展创新创业教育；2012年4月，教育部批准了我国首个“创业管理”专科专业。创新创业教育正以制度化的方式进入正规教育体系。

目前全国高校创新创业教育存在如下特点和问题：

第一，重视程度不够，管理模式和机构设置僵化。2016年，全国高校创新创业教育研究课题组对全国159所高校及部分学生进行调研并发布《蓝皮书》，研究发现一半以上的地方高校和高职高专2012年之后才开展创新创业教育，“211/985”院校样本中70%以上在此之前均有机构负责。但是，所有机构样本中，仅有29.6%高校组建专门团队对创新创业进行系统的研究和课程开发，占7.1%。《蓝皮书》同时指出，57.8%高校将就业指导中心和教务处作为创新创业的实施主体，专门组建创新创业学院作为实施主体的样本仅占23.3%。

第二，创新创业教育观念陈旧，形式落后。目前高校创新创业教育仍然以课程设置和校内社团活动为主，与科技前沿先锋、创业企业家以及创投机构的互动非常少。《蓝皮书》指出，以校内课程和社团活动形式进行创新创业教育的机构占比分别为76.1%和70.4%，形式仍然以传统授课形式为主，利用信息技术和互联网教育形式的比例仅为34.5%。

第三，师资力量薄弱，专业性不强。71.7%高校聘请创业者或企业家等社会导师授课，但由于缺乏足够专职时间以及自身知识体系的系统性不强，社会导师真正参与课程设置和相关研究的非常少，主要活动为讲座和培训等形式。由于缺乏专职师资队伍，高校只能从内部院系（大多为经济管理类）抽调人员，临时组建；有配套教材或从事教材研发的高校仅有62所，占总样本的39%。与校外社会导师相比，校内教职人员虽然知识体系较为完整，但大多缺乏相关理论以及实践经验支撑，使得创新创业教育或者空洞抽象，或者与一般商学院课程无差异，没有体现创新创业的本质。

第四，与企业和社会机构合作，共建或购买创新创业教育成为趋势。调研高校全部样本中，与企业共建及向社会机构购买创新创业教育课程的比例分别为32.1%和22%。虽然该比例不高，但根据笔者与从事创新创业教育的创业者及其投资人交流，当前创新创业教育社会机构的主要客户除了创业者，高校教师占很大比例，其中除了科研创业人员外，从事创新创业教育的教职人员数量庞大。与此同时，校企合作创新创业教育的形式多种多样，除了师资培训（45.3%）和课程开发（39%），共建创业孵化基地和创业园以及创业基金等形式逐渐活跃，分别为37.1%和35.2%，体现出创新创业教育和创投的融合。

第五，学生创业理念和动机社会性强，缺乏对创新创业本质和复杂性的深刻理解。《蓝皮书》揭示，64.2%在校生表示出明显的创业意愿，但在自己熟悉或与自身专业领域创业的仅占33%。高校学生的创业动机主观性明显，希望通过创业获得成长经历以及实现自我价值的分别占40%和28.4%。与此同时，高校在校生认为创业就是自己开办公司，但是在创业资金来源上，家庭支持占比高达60%，包括家庭支持、亲朋借款和个人储蓄。虽然表示借助外源性资本创业的在校生也不少，但近半数学生认为学校和政府的创业基金是外源性资本的主要形式，创投基金和机构占比仅为32.1%。

随着创新创业教育在我国逐渐升温，涌现出若干新型创新创业教育模式，极大地丰富并繁荣了创新创业教育实践，与传统教育机构形成竞争与合作的多元化教育体系。目前，我国新型创新教育大致分为三类。首先，随着信息化普及和发展，一些新型网络教育项目（例如“黑马训练营”、“罗辑思维”、“混沌研习社”等）迎合市场需求发展迅速①。这些网络教育项目具有开放式结合会员制、免费结合收费、全行业结合特定产业等复合特点。其次，新兴互联网企业投入民办教育，拓展创新创业教育。例如，腾讯和阿里巴巴与国内顶尖高等院校联合，2015 年分别成立青藤大学和湖畔大学，聘请国内外科技先锋、顶尖商学院学者、创业领袖和投资人为导师团队，指导创业者进行颠覆式创新，体现了理论与实战相结合、商业与科技相结合、本土与全球相结合的知识体系。最后，国内创业投资机构学习借鉴美国创业孵化器 Y Combinator，直接针对有投资潜力的创业者开设了相应创业课程，通过创业教育和培训，遴选高成长性项目，同时添加价值认同。这类创业教育形式一般具有社群性，建立在校友、行业协会等特殊社会纽带基础上，例如，“小饭桌创业课堂”以及清华大学互联网和新媒体协会（以下简称 TMT 协会），这些创新创业教育项目大多依托特定创投机构和天使投资基金。

2015 年国务院办公厅发布《关于深化高等学校创新创业教育改革的实施意见》（国办发〔2015〕36 号，以下简称《意见》）。《意见》总体目标为“形成科学先进、广泛认同、具有中国特色的创新创业教育理念，形成一批可复制可推广的制度成果，普及创新创业教育，实现新一轮大学生创业引领计划预期目标。到 2020 年建立健全课堂教学、自主

① “罗辑思维”成立于 2012 年，没有固定课程大纲，通过微信语音方式提供知识和学习平台及社群，2017 年罗辑思维 APP 总用户约 529 万人，商业模式转向收费性（新浪科技，2017）。与“罗辑思维”相似，“混沌研习社”（现更名为“混沌大学”）面向社会大众并采取会员制，由传统实业界、互联网新兴企业、国内外知名学者和社会精英通过互联网直播形式向会员分享和剖析企业成长和创新的经验与教训。

学习、结合实践、指导帮扶、文化引领融为一体的高校创新创业教育体系，人才培养质量显著提升，学生的创新精神、创业意识和创新创业能力明显增强，投身创业实践的学生显著增加”。《意见》将2017年设定为“取得重要进展”时间点。

与此同时，学术界在“创新能力和企业家精神能否通过教育获知和培养”这一问题上长期存在分歧。管理学大师彼得·德鲁克认为创新培养是有意识的自律和训练，创新能力和企业家精神并非与生俱来，可以通过训练和大量重复获得（Drucker，1985）。通过商学院课程学习和训练，企业家精神可以“植入”受训者，使其具备相应领域的创新能力从而带动市场竞争和经济发展。但是经济学理论有观点认为创新和创业是市场过程和内在机理，不是人格化的具体能力，无法通过教育形式获取（Alvarez，2007；Kirzner，1985；Klein & Bullock，2006）。学术界对于创新和创业教育的质疑不仅得到大量实证研究的佐证（Gorman et al.，1997），同时商界和实业界也认识到传统教育体系的局限性和思维固化，成为创新的束缚和障碍。

创新创业教育的正当性和合理性争论在我国也异常激烈（《中国高校创新创业教育发展蓝皮书2016》，第12～13页），但现在争论极少以经济学理论为支撑，从而缺乏对我国当前通过创新创业驱动经济增长这一国家战略的指导价值。创新创业教育的经济学理论是什么？争议是什么？缘何不同理论对于创新创业教育正当性与合理性的判断会如此不同？当前我国高等院校和教育机构如何开展创新创业教育？理论对实践有何指导意义？因此，下一节旨在梳理现有理论，探究各学派观点分歧和不一致的深层次原因以及对创新创业教育实践的指导作用。

第二节　创新创业教育理论及实践指导

一、创业、企业家精神与创新：概念界定

"Entrepreneur"一词源于法语，寓意为初创企业组织或发起人。因此，"Entrepreneur"从词源和概念上既包括创业者的职业身份，同时也指具体的组织形态。国内目前广泛使用"创业"作为其对应的翻译形式，将其理解为新创立企业的动作和过程（Venture Formation）。"Entrepreneurship"词根源于"Entrepreneur"，特指初创企业组织或个人的特性。国内早期普遍使用"企业家精神"作为翻译形式，突出强调其职业身份及人格化特征，从而忽略了概念所表达的机构或组织特性。

"企业家精神"的人格化翻译形式不仅仅是翻译方法问题，同时也体现出概念在不同理论体系和学派的巨大差异及历史变化。古典和新古典经济学认为"Entrepreneur"（创业企业家）本质上是社会分工，是特殊的职业形式。而熊彼特则认为"Entrepreneurship"是区别于劳动力的特殊要素，其重要功能是创新。与古典和新古典学派相比，奥地利学派学者将"Entrepreneurship"作为经济分析的核心内容，认为"Entrepreneurship"是市场过程的机制和机理，是个体对未知世界和商业机会的认知和实践过程，从而将概念抽象化和"去人格化"。

虽然不同学派对于"Entrepreneurship"概念有分歧，但都认为是创新和经济增长的重要因素。但由于"创新"的概念过于泛化，缺乏具体性（见本书第一章第三节），同时自20世纪80年代起科技创新集中产生于初创企业（Start－up）这种组织形式，因此，"Entrepreneurship"

被视为创新的组织形式及其制度安排，从而将“Entrepreneurship”引入创新和知识经济、组织经济学、现代公司治理以及企业管理等诸多领域（Gibbons & Roberts，2012）。本书中，笔者将“Entrepreneurship”定义并解释为企业家实现创新（Innovation）的认知和实践以及相应创业的组织方式。创业、创新和企业家精神三个概念既相互联系，也有区别。

考虑到与现有文献和研究的一致性，本书仍然沿用“创业”和“企业家精神”的翻译形式，但笔者对相关概念做出如下澄清和说明。首先，“创业”包括企业组织形式（静态）和企业创立和成长的过程（动态），包括企业初创、成长和成熟不同阶段。其次，“企业家精神”主要指创业者和企业家在企业不同成长阶段不断创新（Innovation）的认知、实践以及相应的企业组织变化。最后，“企业家精神”不特指创业者的具体人格或性格，而是企业家实践和实现创新的认知及行动的统一。

二、创新创业的经济学理论：回顾与评述

不同经济学学派对创业和企业家精神本质的理论认识并不一致，导致在“创业和创新是否可以通过教育实现”这一核心问题上存有较大分歧。因此，梳理相关理论对于指导我国当前的创新创业教育实践具有一定学术意义和政策价值。本书第一章介绍了相关概念和理论，但为了体现理论的连续性以及论述的完整性，本部分内容略有赘述（但与第一章不完全相同）。

经济学关于创业和企业家精神的研究可追溯到18世纪法国。法国经济学家理查德·坎蒂隆（Richard Cantillon，1680~1734）在1755年出版的《商业的本质》一书中系统论述了创业企业家、市场和资本的关系，被认为是创业经济理论及其发展的重要思想启蒙。坎蒂隆将社会分为三个阶层：地主、创业企业家（Entrepreneurs）和雇工，其中创业企业家对市场和经济中不可获知的信息以及无法预见的未来进行“判

断”（Judgement），从事商业活动承担市场风险。与同时代经济学家不同，坎蒂隆认为企业家精神源于市场经济主体对未来缺乏预知的事实以及个体差异，从而将企业家精神与个性品质相剥离，关注市场过程（而非市场均衡）以及创业企业家的市场功能以及经济学本质。坎蒂隆的思想被后期部分法国经济学家继承、发展和丰富。例如，尼古拉斯·巴度（Nicholas Baudeau，1930～1972）认为，企业家对不确定机会“判断”的本质是知识和行动力的统一（Knowledge and Ability to Act），创业企业因此天然具备创新属性。法国经济学家萨伊（J. B. Say，1767～1832）将知识进一步细分为科学知识（Scientific Knowledge about the Nature）、应用知识（Application of Knowledge to a Useful Purpose）和效率知识（Knowledge that Make the Application More Productive），其中创业企业家并不一定掌握全部知识，但通过“判断”综合各类资源和信息，联通供给和需求并创造价值。

与法国早期经济学家将创业和企业家精神作为经济学分析的核心以及其政治经济学方法不同，英国古典经济学并未将创新创业纳入分析框架，甚至将其边缘化。古典经济学家代表人物及其早期作品对于创业和企业家精神没有统一概念，使用了 Adventurer、Projector 和 Undertaker 等词汇（Hebert & Link，2006）。例如亚当·斯密认为，创业企业家通过冒险和投机获取利润，最终在“看不见的手”市场规律下趋于均衡。后期约翰·米勒（John Mill，1806～1873）试图修正斯密和李嘉图的观点，认为创业企业家在市场经济和创新中发挥重要作用，但米勒没有跳出古典经济学对于创新创业本质的认识，认为创业者和企业家的收入是其劳作（Labor）的工资形式，而不是利润。在古典经济学家看来，创业企业家是兼备工人和资本家的复合形式，其收入是对他们提供资本和监督（Superintendence）的报酬。总之，虽然部分古典经济学家认识到创业和企业家精神的创新属性，但并没有将创新和创业纳入理论分析框架。

后期新古典经济学派意识到传统分析忽略创业和企业家精神的理论缺陷并进行了改进。例如，熊彼特认识到古典经济学均衡理论没有解释非均衡状态为何出现的逻辑问题，提出创业企业家通过对产品、方法、市场、供给以及产业等进行新的“组合”，打破原有均衡状态，进行“颠覆式创新”（Creative Destruction），从而将创业和企业家精神与经济发展建立了联系（Schumpeter，1950）①。但是，熊彼特认为，创业企业家和职业经理都具有创新的企业家精神，与公司治理结构无关（Schumpeter，1934）。

与古典经济学家将创业和企业家精神的边缘化分析框架不同，奥地利学派将创业与创新作为经济分析的核心内容，极大地丰富了该研究领域。弗兰克·奈特（Frank Knight）借鉴坎蒂隆的经济分析方法，将可预见的风险（Risk）和坎蒂隆描述的“无法预见性和不确定性”（Uncertainty）区分，并纳入利润的经济分析；认为市场经济的本质在于无法预见的不确定性以及微观主体差异，而经济规律并不建立在可计算模型和理性判断基础上，是众多微观主体由于判断差异而进行经济活动的实验和学习过程（Knight，1951）。创业企业家的这种对不确定性机会的“判断”无法用边际产出反映，从而无法通过市场进行交易，因此“判断”意味着公司的所有权以及公司内的资源分配决策。奥地利学派的重要代表人物米塞斯（von Mises）基于类似的边际产出分析方法，将工人工资收入、资本家利息收入以及企业利润作为市场经济的三种收入类型，其中企业利润（或损失）的本质是对企业家精神的报酬，这部分收入在经济学意义上的本质与工资不同（von Mises，1949）。

① 关于熊彼特属于哪个学派学术界认识并不一样。熊彼特从其导师 Bohm - Bawerk（1851 ~ 1914）那里间接继承了奥地利学派“价值的主观判断”，认为创新并不完全取决于智力（Intellect），行动意志力（Act of Will）的作用更加重要，只有两者统一通过创业的形式才能产生创新（Schumpeter，1934）。但是，熊彼特在经济均衡、利润的本质以及不可预知性等问题上沿用新古典分析范式，因此（新）奥地利学派并不认为熊彼特的观点符合该学派（Hebert & Link，2006）。

继米塞斯之后，新奥地利学派关于创业和创新（企业家精神）的经济学解释出现了不同观点和争论，丰富并繁荣了创新和创业理论。科兹纳（Israel Kirzner）是 von Mises 的学生，他延伸了自己对导师观点的个人理解，认为创新机会客观存在，不以人的主观意志为转移。同时，由于市场经济中的个体差异，不同人对机会的“警觉”能力（Alert）与利用能力（Exploit）各异，从而出现了（具有企业家精神的）创业者这个特殊群体。科兹纳把市场理解为一个由企业家所驱动的竞争性和相互协调的过程，企业家活动的起点是非均衡状态，具有警觉能力的企业家通过发现之前未被发现的利润机会，从而使非均衡市场趋近于均衡（Kirzner，1999，2009）。虽然科兹纳的“机会警觉”和“机会发现”理论影响广泛，但受到来自奥地利学派众多学者的批判（Hazlitt，1974；Hébert，1985；Rothbard，1974；1985）①。例如，von Mises 的另一个学生 Rothbard（1985）指出，Kirzner 型企业家是不需要资本的、高度抽象的理想化“企业家”。而奥地利学派经济学强调关注真实世界的现象和人类的真实行动，而非抽象的不存在的实体。Mises 关注现实情景下会犯错误的企业家，即在不确定和无法预知的环境下，通过自己的判断并利用拥有的资源来获取利润（结果也可能亏损）；这样的企业家才是市场真正的驱动力，而非抽象的利润机会发现者。Hazlitt（1974）和 Rothbard（1985）指出，没有资源所有权的企业活动管理者，本质上是经理人而非企业家；没有资本、仅依赖于想法和警觉的企业家是非奥地利学派的、新古典的意义上的企业家，偏离了奥地利学派关于企业家

① 根据学术谷歌统计，《竞争与企业家精神》引用 6500 多次，与哈耶克的《通往奴役之路》接近。科兹纳为创业研究提供了理论基础，发展出基于“机会发现”（或机会识别）视角的研究体系——创业包括发现机会、机会的评估和利用，捕获机会带来的经济价值。具体而言，创业研究关注“为什么和什么时候创业机会存在，这些机会怎么存在；机会的来源和表现形式；机会的发现和评估过程；资源获取和利用机会的过程；机会利用的行为；为什么、什么时候和什么样的人能够发现、评价，并收集资源利用机会，而其他人未能做到；寻求机会使用的战略；利用机会的组织能力等”（Shane，2003）。

和资本家合为一体的传统。

后期创业和创新理论在新制度经济学、组织经济学和现代企业管理学领域得到发展。例如，在现代企业管理理论中，公司的所有权和控制权发生分离，企业内部可以通过机制设计雇用具有判断能力的人并对其进行有效的激励和约束，公司的本质是机制设计而不是人的决策和行为（Stauss，1944），从而将分析视角从“企业的边界”拓展到企业和创业组织内部，推动了组织经济学和公司治理理论的发展（Gibbons & Roberts，2012）。Foss 和 Klein（2012）将新奥地利学派和新古典经济学结合，把企业家精神（Knight 的企业家判断）融入企业的经济学和管理学分析框架中，认为即便存在不完全契约，企业作为特定组织形式也可以实现对创新的定价及其交易。与此同时，企业的规模受企业内部交易的（中间）产品需要外部市场提供价格信号的限制。也就是说，没有企业可以大到成为中间产品唯一的生产者和使用者，尤其是技术信息和知识型要素。当创新要素无法通过市场交易实现时，企业将面临损失。因此，企业家在企业组织内授予员工（例如创投机构的基金管理人或职业经理人）一定的自由裁量权，授权的边际成本和收益之间的权衡则决定了企业内部的组织结构。

三、经济学理论对创新创业教育的指导意义

由上可见，各经济学流派在不同时期对于创业和创新（企业家精神）的认识并不一致，这反映了完全不同的创新创业教育理念。例如，舒尔茨沿用新古典经济学的资源分配范式，认为企业家精神本质上是一种能力，同时具有稀缺性，因此可以按照市场机制实现供需平衡。同时，舒尔茨（新古典经济学派）使用“人力资本”（Human Capital）表述企业家精神和能力，认为，教育可以带来人力资本的回报。而奈特和科兹纳（奥地利经济学派）认为，企业家精神概念极其抽象和“超经济化”，正规教育无法提供。熊彼特早在 1950 年出版的 *Capitalism*，*So-*

cialism and Democracy 一书中明确指出，教育科研机构的官僚性弱化了其创新精神的主体地位，而舒尔茨的人力资本理论并没有很好地回应熊彼特的早期批判。

Klein 和 Bullock（2006）综合各学派观点，将创新创业教育划分为四个维度，并对实践提出具体建议。

第一，管理现有资源。有效管理现有资源不仅涉及会计、市场营销以及商业法律法规等工商管理知识，还要求具备领导力和战略决策。创业教育的课程设置过于强调中小型企业创立前期准备及成立等相关知识技能培训，没有体现企业家精神经济学分析中关于企业作为经济组织的原理以及创新的本质（见本书第一章第一节和第三节）。因此，这些课程虽然看似具有实用性，但一定程度上误导创业者盲目设立企业，背负不必要的创业压力。

第二，获取新资源。融资是创新创业教育及培训项目的核心与重点，内容包括商业计划书、天使投资和创业投资、股权结构设计、产品或服务营销以及知识产权等。但当前课程对于资源的理解过于狭隘，忽略了创新过程以及价值实现过程，除了资本，市场需求、产业链其他主体的技术特点、团队结构、管理能力、创业社群和政策环境等"互补要素"都决定创新和创业。与此同时，创新创业教育大多通过实际案例研究和情景模拟形式进行，无法反映真实创业过程中企业家面临不确定性和未知领域所进行的试错和纠错，更无法获知失败企业家所经历的"判断"过程。

第三，寻找和创造机会。虽然科兹纳的"机会警觉"和"机会发现"是基于认知不完全的抽象化概念，但国内外创业和创新教育实践中仍开设了大量的市场和财务分析，试图通过这些培训提高创业者和企业家"发现和利用机会"的能力。这些课程过分强调通过创立新企业和组织形式，忽略了当前组织和已从事活动的价值及其蕴藏的机会（Alvarez，2007）。

第四，应对未知、警觉训练以及技术和组织变革。这些内容是创新和企业家精神经济学分析的核心，体现创业和创新的经济学机理，并不具体指向特定能力或特殊个体。但创业教育实践往往没有深刻学习和挖掘相关理论，仅从字面理解并试图寻找创业和创新规律。2006 年，科兹纳荣获瑞典创业与小企业研究奖（2006 FSF – NUTEK International Award for Entrepreneurship and Small Business Research）。然而，科兹纳获奖后却指出“我本人必须坦白，荣获这个奖项，我有些困惑。据我了解，它主要颁发给研究创业活动源泉的学者。他们的工作为了发现创业成功的秘密……然而，我的工作与此却毫不相关，既不探讨创业成功所需的才能，也不探讨有潜力的企业家所需遵循的原则”（Kirzner，2009）。

经济学理论分析对于创新创业实践具有重要指导意义。越来越多的创业教育研究和工作者意识到，创新创业教育不是工商管理知识技能培训，而是创新思维、认知模式、领导力及合作等通识教育（Vesper & McMullen，1988）。创新创业教育让学生学习职业规划，避免冲动创业（Hills，1988），并在产生创新想法后，如何寻找创投资源、保护知识产权以及应对挑战等（Ronstadt，1987；Vesper & McMullen，1988）。Ronstadt（1987）提出创新创业教育及课程设置的双态模型。其中，一部分可结构化知识通过课程、案例以及实习获取；另一部分非机构性知识必须通过外界交流和自省获得。结构化和群体课程并不适用于培养创新和企业家精神，创业和创新教育应该针对个体对象，向学员提出具有不确定性和未知结果的现实问题，让其充分自我挖掘，寻找创新解决方法（Ronstadt，1990；Sexton & Upton，1984）。由于非结构知识及需求因人而异，甚至创业者自己都不知晓，因此创业创新教育的另一个功能在于联结（Network），为创业者提供适宜的交流平台，促进非结构性知识的学习以及能力培养。

虽然经济学理论在创新创业的重要性上具有高度共识，但对于创新创业教育具体实践上的指导意义非常有限，创新创业教育所面临的理论缺位为众多学科领域（经济学、工商管理、战略管理、心理学及认知学等）及其学科交叉提供了发展空间与机遇。米塞斯认为："成功的企业家和创新者从不按照的别人的指导和建议路径，而是依靠自己的判断。过去和现在可能对所有人都一样，但对未来他却有与他人不同的看法"。(von Mises，1949）目前我国互联网教育和创业投资基金开设的创新创业教育也积极引入创造性和颠覆式思维训练，但创新思维很难通过授课方式获得，更多是基于切身的实践、经验感知、失败教训和总结后形成自我认知体系和方法论，然后继续指导实践的循环过程（McGrath & MacMillan，2000)。奥地利学派虽然系统地解释了创新和企业家精神的经济学机理和功能，但其抽象性降低了实践指导意义，同时容易被曲解和误解，使得其理论在指导实践时像个"小黑屋"（Klein & Bullock，2006)。与此同时，商学院的固化培训指导学生把新想法做成商业计划书，指导他们熟悉相关法律法规，按照已有或总结的商业模式和准则从事实践。虽然这些课程并不能培养出（奥地利学派或熊彼特表述的）具有真正创新精神的企业家（而更多是培养职业经理人)，但即便天才和创新也需要不断试错并在学习中成长。因此，正规教育并没有像奥地利学派所认为对创新和企业家精神毫无用处。哈佛大学商学院教授霍华德·斯蒂文森形象地比喻，"虽然正规教育无法再造像贝多芬的天才，但并不意味着音乐学院是无用的"（Stevenson et al.，2002)。

第三节　我国创新创业教育面临的机遇、挑战与对策

一、挑战与机遇

我国创新和创业教育当前面临诸多挑战。

首先，传统教育机构缺乏足够重视。当前创新和创业教育课程设置数量少且大多为选修课，从事专业教学和科研的师资配备不够。2003年美国共有1600个学校开设了近2200项创业课程（Kuratko，2003）。目前我国只有部分高校将创新和创业教育作为必修课，设立有编制的创新创业“产学研”独立机构的综合类和专业类大学比例并不高（详见第一节）。与此同时，创新创业教育等同于工商管理选修课程或职业规划咨询项目的现象较为普遍，从而导致课程设置偏离创新和企业家精神培育的本质。

其次，针对创新和创业的科学研究匮乏，缺乏全球竞争领导力。2003年美国教育机构已设立277个长聘教职以及100多个专业机构从事创新和创业研究，44本学术期刊致力于创新、创业和企业家精神学术研究（Kuratko，2003）。目前我国虽然在创新创业教育科学化、制度化和规范化方面初步取得成效，但尚未在全社会范围内形成自发稳定的工作机制、组织保障和协调机制，甚至连基本统计数据都不完整，从事创新创业教育的教学科研人员大多为兼职且不是机构的主流学科。近年来，国外顶级管理学杂志中发表的关于创业和企业家精神领域研究的文章数量增长迅速（Katz，2003），但来自中国地区的学者几乎没有。

再次，创新创业教育缺乏理论指导和科学研究。我国当前创新创业

教育实践面临缺乏理论指导、课程设置和教学方法随意、教学科研脱节诸多问题，教育培训对创业实践以及创新没有实质性推动力。因此，高等院校应引导学生树立科学的创业理念和价值观，不盲从或盲目创业；同时，合理规划职业生涯，科学使用创投资源，避免不合理使用家庭财富进行创业，影响家庭和社会稳定。创业创新课程不能局限在工商管理，而应该通过多学科交互，体现大学通识教育和专业教学的有机结合，而不是特定技能的专业训练和培训（Zeithaml & Rice，1987）。

最后，受科研管理体制约束，高校科研机构科研人员较少接触创投机构并直接参与创业，因此高校只能借助外部资源（例如企业或开展创新创业教育的社会机构）；虽然这有助于引入多元化知识并丰富教育理念和方法，但不利于系统构建理论体系、培训方法、课程设置以及科学研究。国外众多研究表明，科研创业企业家的经营绩效和社会效益高于其他类型企业家（Harhoff，1999；Shane，2004），因此高校科研院所等智力机构的科学家不仅仅是创新创业的主体，同时还是创新创业教育的重要资源（Kuratko，2005）。科学家基于自身创业实践和经历，参与创业教育的课程设计，为学员提供丰富的案例素材和实践环境。目前受体制约束和管理等原因，高校和科研机构科研人员尚未成为创新创业的主体，限制了高校科研机构发挥创新创业教育资源的优势作用。

与此同时，我国创新和创业教育也面临前所未有的良好时机和条件。

第一，随着社会各界对于“大众创业万众创新”重要性逐步形成共识，创新创业教育也面临前所未有的发展机遇。2017 年，国务院办公厅印发《关于深化科技奖励制度改革方案的通知》，成为激励自主创新、调动广大科技工作者的积极性、创造性、营造良好创新环境的一项重要举措和制度保障。

第二，互联网和信息技术的发展有效推动了互联网教育，为创新创业教育提供了较好的平台和资源。根据皮尤研究中心（Pew Research

Center）调查，中国的智能手机普及率达到58%，远远高于全球智能手机普及率43%。随着科技进步以及国内手机通信产业的发展，未来这一比例还将大幅度上升，这为创新创业教育提供了工具和手段。

第三，我国创投基金增长迅速，有效刺激了高科技创新型和知识型创业，同时推动创新创业教育的市场化和产业化（见本书第三章）。

总之，随着知识经济兴起和市场结构变化，网络教育项目、新兴互联网企业以及创投机构积极参与并大力投入创新创业教育，与传统教育机构形成竞争与合作的多元化教育体系和格局。

二、建议与对策

2015 年，国务院办公厅发布《关于深化高等学校创新创业教育改革的实施意见》（国办发〔2015〕36 号，以下简称《意见》）。《意见》总体目标为“形成科学先进、广泛认同、具有中国特色的创新创业教育理念，形成一批可复制可推广的制度成果，普及创新创业教育，实现新一轮大学生创业引领计划预期目标。到 2020 年建立健全课堂教学、自主学习、结合实践、指导帮扶、文化引领融为一体的高校创新创业教育体系，人才培养质量显著提升，学生的创新精神、创业意识和创新创业能力明显增强，投身创业实践的学生显著增加”。《意见》将 2017 年设定为“取得重要进展”时间点。在此背景下，针对我国创新和创业教育存在问题，结合国内外理论和实践，提出如下政策建议：

第一，深入开展针对创新、创业以及双创教育的理论研究，建立科学的创新创业教育理论体系，促进形成理性和科学指导的创业理念和文化。“企业家精神”的人格化翻译形式以及盲目投资及非理性创业等社会现象均表明，社会各界对于创新、创业和双创教育的本质尚未深入理解，一些旧观念形成根植很难去除和改变。因此，学术界和教育界应该致力于相关领域的研究及知识普及，在理论指导下践行创业实践，警惕创新和创业的形式化和运动式，从制度设计和教育上消除“投机创业者”（Opportuneurs）对真正有创新和企业家精神的创业企业家带来负外部性（Useem，2001）。

第二，将双创教育正式纳入高等教育体系，加强学科联动和交互，形成有利于创新和创业的“教学—科研—实践”多学科体系。国内创业和创新教育课程内容丰富，涉及经济学、工商管理、财会金融、战略管理、社会学和心理学等。这些课程虽然基于各自领域的方法论体系，学科交互性不强，但多学科共同设计和实践创新创业教育，本身也是一种创新。

第三，引导并鼓励高等院校与企业和社会机构联合开展创新创业教育。随着知识经济兴起和市场结构变化，网络教育项目、新兴互联网企业以及创投机构积极参与并大力投入创新创业教育，与传统教育机构形成竞争与合作的多元化教育体系和格局。高等院校和科研机构应积极开展与新兴科技企业、天使投资、产业基金以及创投机构等合作，引入股权合作机制，通过促进创投、创业与创新的有机结合，推动创新创业教育理论和实践的发展。

第四，建立合作交流平台和联动机制，促进创新创业教育及其研究。1998 年，美国成立了全国创业教育联盟中心（National Consortium of Entrepreneurship Centers，NCEC），主要用于信息和数据共享，建设平台促进交流，资助创业、创新以及相关教育理论和实践研究。该机构还设立了“21 世纪创业研究员”岗位，用于发现、吸引和鼓励顶尖学者从事相关领域研究。美国大学的创业教育一般包括教育、实习和研究三个基本模块，同时，不同模块之间相互联动和协作。与此同时，美国中小商业创业协会（United States Association for Small Business and Entrepreneurship，USASBE）设立奖金，用于鼓励相关领域的学术研究。2015 年，“中国高校创新创业教育联盟”在清华大学的倡导下成立；2016 年，“中国高校创新创业教育研究中心”和“中国高校创新创业教育联盟——投融资专委会”也相继成立并设立“中国高校创新创业教育研究基金”。2016~2017 年，该联盟组织了关于高校创新创业教育管理、创业大赛以及若干学术交流等活动，体现了我国创新创业教育平台在理论认知、资源共享和协同实践等方面全面进入新阶段。

参考文献

Acs, Z. J., B., A. D., Braunerhjelm P., & Carlsson, B.. The knowledge spillover theory of entrepreneurship [J]. *Small Business Economics*, 2009, 32 (1): 15 –30.

Adizes, I.. Corporate Lifecycles: How and Why Corporations Grow and Die and What to Do about It [J]. The Adizes Institute, 1990 (1): 7 –14.

Admati, A., & Pfleiderer, P.. Robust financial contracting and the role for venture capitalists [J]. *Journal of Finance*, 1994 (49): 371 –402.

Aldrich, H. E., & Kenworthy, A. L.. The accidental entrepreneur: Campbellian antinomies and organizational foundings. In J. A. C. Baum & B. McKelvey (Eds.), Variations in Organization Science: In Honor of Donald T. Campbell [J]. Thousand Oaks, CA: Sage, 1999 (19 –33): 7 –14.

Alvarez, S. A., & Barney, J. B.. Organizing rent generation and appropriation: toward a theory of the entrepreneurial firm [J]. *Journal of Business Venturing*, 2004, 19 (5): 621 –635.

Alvarez, S. A., and Jay B. Barney. Discovery and Creation: Alternative Theories of Entrepreneurial Action [J]. *Strategic Entrepreneurship Journal*, 2007, 1 (1 –2): 11 –26.

Andersson, D. E. . The spatial nature of entrepreneurship [J] . *Quarterly Journal of Economics*, 2005, 8 (2): 21 -34.

Barney, J. B. . Strategic factor markets: Expectations, luck, and business strategy [J] . *Management Science*, 1986, 32 (10): 1231 -1241.

Bergemann, D. , & Hege, U. . Dynamic venture capital financing, learning, and moral hazard [J] . *Journal of Banking and Finance*, 1998 (22): 703 -735.

Berglöf, E. . A control theory of venture capital finance [J] . *Journal of Law, Economics, and Organization*, 1994 (10): 247 -267.

Binswanger, H. P. , & Rosenzweig, M. R. . Behavioral and Material Determinants of Production Relations in Agriculture [J] . *Journal of Development Studies*, 1986, 22 (3): 503 -540.

Campbell, D. T. . Evolutionary epistemology [J] . *The Philosophy of Karl Popper*, 1974 (14): 413 -464.

Carpentier, C. , & Suret, J. -M. . *How Useful is Venture Capital: Evidence from Capital Pool Companies* [D] . Working Paper. Québec, Canada: Laval University and CIRANO, Faculty of Administrative Sciences, 2003.

Carvalho, A. G. , W. Calomiris, C. , & Matos, J. A. . Venture capital as human resource management [J] . *Journal of Economics and Business*, 2008, 60 (3): 223 -255.

Chan, Y. . On the positive role of financial intermediation in allocation of venture capital in a market with imperfect information [J] . *Journal of Finance*, 1983 (38): 1543 -1568.

Cumming, D. J. . The Determinants of Venture Capital Portfolio Size: Empirical Evidence [D] . Alberta, Canada: School of Business, University of Alberta Edmonton, 2001.

Drucker, P. F. . *Innovation and entrepreneurship* [M] . New York:

Harper & Row, 1985.

Durufle, G.. Government involvement in the venture capital industry: International comparisions [R]. *China Venture Capital and Private Equity Association (CVCA)*, 2010.

Elango, B., Fried, V. H., Hisrich, R. D., & Polonchek, A.. How venture capital firms differ [J]. *Journal of Business Venturing*, 1995, 10 (2): 157-179.

Ergas, H.. Does Technology Policy Matter? In P. E. Stephan & D. B. Audretsch (Eds.) [J]. *The Economics of Science and Innovation*, 2000 (2): 438-492.

Finkle, T. A., & Deeds, D.. Trends in the market for entrepreneurship faculty, 1989-1998 [J]. *Journal of Business Venturing*, 2001 (16): 613-630.

Foss, N. J., & Klein, P. G.. *Organizing Entrepreneurial Judgment: A New Approach to the Firm* [M]. Cambridge, UK: Cambridge University Press, 2012.

Gartner, W. B.. A conceptual framework for describing the phenomenon of new venture creation [J]. *Academy of Management Review*, 1985, 10 (4): 671-698.

Gay, E. F.. The rhythm of history [J]. *Harvard Graduates Magazine*, 1924 (32): 1-16.

Gibbons, R., & Roberts, J. (Eds.). *The Handbook of Organizational Economics*: Princeton [M]. NJ: Princeton University Press, 2012.

Gompers, P. A., Lerner, J., Blair, M. M., & Hellmann, T.. What Drives Venture Capital Fundraising? [J]. *Brookings Papers on Economic Activity. Microeconomics*, 1998: 149-204.

Gompers, P., & Lerner, J.. Equity Financing. In Z. J. Acs & D. B. Ausretsch (Eds.), *Handbook of Entrepreneurship Research: An Interdiscipli-*

nary Survey and Introduction (*2nd Edition*) [M] . New York: Springer, 2010.

Gompers, P. , & Lerner, J.. *The Venture Capital Cycle* [M] . Cambridge, MIT Press, 1999.

Gompers, P. , & Lerner, J.. The Venture Capital Revolution [J] . *Journal of Economic Perspectives*, 2001, 15 (2): 145 – 168.

Gompers, P.. Optimal investment, monitoring, and the staging of venture capital [J] . *Journal of Finance*, 1995 (50): 1461 – 1489.

Gorman, G. , Hanlon, D. , & King, W.. Some research perspectives on entrepreneurship education, enterprise education and education for small business management: A ten – year literature review [J] . *International Small Business Journal*, 1997 (15): 56 – 77.

Gorman, M. , & Sahlman, W. A.. What do venture capitalists do? [J] . *Journal of Business Venturing*, 1989, 4 (4): 231 – 248.

Greenwald, B. , Stiglitz, J. E. , & Weiss, A. . Informational Imperfections in the Capital Market and Macroeconomic Fluctuations [J] . *American Economic Review*, 1984, 74 (2): 194 – 199.

Grossman, S. J. , & Hart, O. D. . The Costs and Benefits of Ownership: A Theory of Vertical and Lateral Integration [J] . *Journal of Political Economy*, 1986, 94 (4): 691 – 719.

Harhoff, D.. Firm formation and regional spillovers: evidence from Germany [J] . *Economics of Innovationand New Technology*, 1999 (8): 27 – 55.

Hazlitt, H. . Review of Competition and Entrepreneurship by Israel M. Kirzner [J] . *The Freeman*, 1974 (24): 756 – 760.

Hebert, R. F. . Was Richard Cantillon an Austrian economist? [J] . *Journal of Libertarian Studies*, 1985 (7): 269 – 279.

Hebert, R. F. , & Link, A. N.. Historical Perspectives on the Entrepreneur [J]. *Foundations and Trends @ Entrepreneurship*, 2006, 2 (4): 261 -408.

Hellmann, T.. The allocation of control rights in venture capital contracts [J]. *Rand Journal of Economics*, 1998 (29): 57 -76.

High, J.. Alertness and Judgment: Comment on Kirzner. In I. M. Kirzner (Ed.), *Method, Process and Austrian Economics: Essays in Honor of Ludwig von Mises* [M]. New York: Lexington Books, 1982.

Hills, G. E.. Variations in university entrepreneurship education: An empirical study of an evolving field [J]. *Journal of Business Venturing*, 1988 (3): 109 -122.

Hirukawa, M., & Ueda, M.. Venture capital and innovation: Which is first? [J]. *Pacific Economic Review*, 2011, 16 (4): 421 -465.

Hochberg, Y. V., Ljungqvist, A., & Lu, Y.. Whom you know matters: Venture capital networks and investment performance [J]. *Journal of Finance*, 2007, 62 (1): 251 -301.

Hochberg, Y. V.. Venture Capital and Corporate Governance in the Newly Public Firm [J]. *Review of Finance*, 2012, 16 (2): 429 -480.

Hoff, K., Braverman, A., & Stiglitz, J.. *The Economics of Rural Organization: Theory, Practice and Policy* [M]. London: Oxford University Press, 1993.

Hébert, R. F.. Was Richard Cantillon an Austrian Economist? [J]. *Journal of Libertarian Studies*, 1985, 7 (2): 269 -280.

Jensen, M. C., & Meckling, W. H.. Theory of the firm: Managerial behavior, agency costs and ownership structure [J]. *Journal of Financial Economics*, 1976, 3 (4): 305 -360.

Kaplan, S. N., & Stromberg, P.. Venture Capitals As Principals: Contracting, Screening, and Monitoring [J]. *American Economic Review*,

2001, 91 (2): 426 -430.

Katz, J. A.. The chronology and intellectual trajectory of American entrepreneurship education [J] . *Journal of Business Venturing*, 2003, 18 (2): 283 -300.

Keuschnigg, C. , & Nielsen, S. . Taxation and venture capital backed entrepreneurship [J] . *International Tax and Public Finance*, 2004, 11 (4): 369 -390.

Kirzner, I. M.. Creativity and/or Alertness: a Reconsideration of the Schumpeterian Entrepreneur [J] . *The Review of Austrian Economics*, 1999, 11 (1): 5 -17.

Kirzner, I. M.. The Alert and Creative Entrepreneur: A Clarification [J] . *Small Business Economics*, 2009, 32 (2): 145 -152.

Kirzner, I. M.. Uncertainty, Discovery, and Human Action: A Study of the Entrepreneurial Profit in the Misesian System [J] . *Method, Process and Austrian Economics: Essays in Honor of Ludwig von Mises*, 1982 (12) : 139 -159.

Kirzner, I. . *Competition and Entrepreneurship* [M] . University of Chicago Press, Chicago, IL, 1973.

Kirzner, I. . *Discovety and the Capitalist Process* [M] . Chicago, IL. : University of Chicago Press, 1985.

Klein, P. G. , & Bylund, P. L. . The Place of Austrian Economics in Contemporary Entrepreneurship Research [J] . *Review of Austrian Economics*, 2014, 27 (3): 1 -21.

Klein, P. , & Bullock, B. . Can entrepreneurship be taught? [J] . *Journal of Agricultural and Applied Economics*, 2006, 38 (2): 429 -439.

Knight, F. H. . *Risk, Uncertainty and Profit* [M] . New York: Houghton Mifflin, 1921.

Knight, F. H. . *The Economic Organization* [M] . New York: Augustus M. Kelley, 1951.

Kollock, P. . The Emergence of Exchange Structures: An Experimental Study of Uncertainty, Commitment and Trust [J]. *American Journal of Sociology*, 1994, 100 (2): 313-345.

Kuratko, D. E.. Entrepreneurship education: Emerging trends and challenges for the 21st century [J]. *While Paper, U. S. Association of Small Business Education*, 2003 (1): 7-14.

Kuratko, D. F.. The emergence of entrepreneurship education: Development, trends, and challenges [J]. *Entrepreneurship Theory and Practice*, 2005 (29): 577-597.

Lerner, J. . The syndication of venture capital investments [J]. *Financial Management*, 1994 (23): 16-27.

Liu, M.. Growing the venture dragon: China [J]. *Venture Findings*, 2015 (2): 112-122.

MacMillan, I. C., Zemann, L., & SubbaNarasimha, P. N. . Criteria Distinguishing Successful from Unsuccessful Ventures in the Venture Screening Process [J]. *Journal of Business Venturing*, 1987 (2): 123-137.

March, J. G. . Exploration and exploitation in organizational learning [J]. *Organization Science*, 1991, 2 (1): 71-87.

March, J. G., & Simon, H. A. . *Organizations* [M]. New York: John Wiley, 1958.

McGrath, R. G., & MacMillan, I. . *The entrepreneurial mindset* [M]. MA: Harvard Business School Press, 2000.

Metrick, A., & Yasuda, A. . *Venture Capital and the Finance of Innovation (2nd Edition)* [M]. John Wiley & Sons, 2010.

Morgan, K. . The Exaggerated death of geography: Learning, proximity and territorial innovation systems [J]. *Journal of Economic Geography*,

2004, 4 (1): 3 -21.

Mäkelä, M. , & Maula, M. . Cross - border venture capital and new venture internationalization: An isomorphism perspective [J] . *Venture Capital*, 2005, 7 (3): 227 -257.

Nelson, R. (Ed.) . *National Innovation Systems: A Comparative Analysis* [M] . New York: Norton, 1993.

NVCA Yearbook. . Washington, D. C. [D] . National Venture Capital Association, 2009.

NVCA Yearbook. . Washington, D. C. [D] . National Venture Capital Association, 2016.

Pardey, P. G. , Alston, J. M. , & Ruttan, V. W. . The economics of innovation and technical change in agriculture. In B. H. Hall & N. Rosenberg (Eds.), *Handbook of the Economics of Innovation* [M] . Elsevier B. V, 2010.

Penrose, E.. *The Theory of the Growth of the Firm* [M] . New York: John Wiley and Sons, 1959.

Ronstadt, R. . The educated entrepreneurs: A new era of entrepreneurial education is beginning. In C. A. Kent (Ed.), *Entrepreneurship Education* [M] . New York: Quorum Books, 1990.

Ronstadt, R.. The educated entrepreneurs: A new era of entrepreneurial education is beginning [J] . *American Journal of Small Business*, 1987, 11 (4): 37 -53.

Rothbard, M. N. . Breaking out of the Walrasian box: The Cases of Schumpeter and Hansen [J] . *The Review of Austrian Economics*, 1987, 1 (1): 97 -108.

Rothbard, M. N. . Professor Hebert on entrepreneurship [J] . *Journal of Libertarian Studies*, 1985 (7): 281 -286.

Rothbard, M. N.. Competition and Entrepreneurship (Book Reviews) [J]. *Journal of Economic Literature*, 1974, 12 (3): 902.

Sahlman, W. A.. The structure and governance of venture – capital organizations [J]. *Journal of Financial Economics*, 1990, 27 (2): 473 – 521.

Salerno, J. T.. The Entrepreneur: Real and Imigined [J]. *Quarterly Journal of Austrian Economics*, 2008b, 11 (3/4): 188 – 207.

Salerno, J.. The Entrepreneur: Real and Imagined [J]. *Quarterly Journal of Austrian Economics*, 2008a, 11 (3/4): 188 – 207.

Sarasvathy, S. D., Dew, N., Velamuri, S. R., & Venkataraman, S.. Three views of entrepreneurial opportunity [J]. In Z. J. Acs & D. B. Audretsch (Eds.), *Handbook of Entrepreneurship Research: An Interdisciplinary Survey and Introduction*, 2003 (1): 141 – 160.

Schertler, A.. *The venture capital industry in Europe* [M]. Palgrave MacMillan, 2006.

Schoorl, E.. *Jean – Baptiste Say: Revolutionary, Entrepreneur*, Economist [M]. London: London, 2012.

Schumpeter, J. A.. *Capitalism, Socialism and Democracy* [M]. New York: Harper & Row. 3rd edition, 1950.

Schumpeter, J. A.. *The Theory of Economic Development (translated by R. Opie from the 2nd German edition* [1926]) [M]. Cambridge: Harvard University Press, 1934.

Schwienbacher, A.. Innovation and Venture Capital Exits [J]. *The Economic Journal*, 2008, 118 (533): 1888 – 1916.

Sexton, D. L., & Upton, N. E.. Entrepreneurship education: Suggestions for increasing effectiveness [J]. *Journal of Small Business Management*, 1984, 22 (4): 18 – 25.

Shane, S. A.. *A General Theory of Entrepreneurship*: *The Individual – Opportunity Nexus* [M]. Edward Elgar Pub, 2003.

Shane, S.. Technology regime and new firm formation [D]. In L. M. Branscomb, K. P. Morse, & M. J. Roberts (Eds.), *Technical Risk*: *Understanding Priate Sector Decision Making on Early Stage*, *Technology – based Projects.* (*Report from NIST – ATP Project* 471 – 1608, *US Department of Commerce*), 2000.

Shane, S.. *Academic Entrepreneurship*: *University Spinos and Wealth Creation* [M]. Cheltenham, U. K.: Edward Elgar Publishing, 2004.

Shane, S.. *The Myth of Entrepreneurship* [M]. New Haven, CT: Yale University, 2008.

Simon, H. A.. The structure of ill structured problems [J]. *Artificial Intelligence*, 1973 (4): 181 – 201.

Smith, A.. *The Theory of Moral Sentiments* (1759) [M]. Oxford: Oxford University Press, 1976.

Stauss, J. H.. The entrepreneur: The firm [J]. *Journal of Political Economy*, 1944 (52): 112 – 127.

Stevenson, H. H., Hamermesh, R., Marshall, P. W., & Roberts, M. J.. Entrepreneurship: It can be taught [M]. *HBS New Business*, 2002.

Stiglitz, J. E., & Weiss, A.. Credit rationing in markets with imperfect information [J]. *American Economic Review*, 1981, 71 (3): 393 – 410.

Swartz, J.. *How to win a venture capitalist.* Computer Systems News [EB/OL]. www. accel. com, 1990.

Teece, D.. Capturing value from technological innovation: Integration, strategic partnering, and licensing decisions [D]. In B. R. Guile & H. Brooks (Eds.), *Technology and Global Industry*: *Companies and Nations in the World Economy* , 1987.

Trester, J.. Venture Capital Contracting under Asymmetric Information [J] . *Center for Financial Institutions Working Papers*, 1998, 22 (6): 675 – 699.

Useem, J.. The risk taker returns [J] . *Fortune Small Business*, 2001 (1): 70 – 72.

Vesper, K. H., & McMullen, W. E.. Entrepreneurship: Today courses, tomorrow degrees? [J] . *Entrepreneurship Theory and Practice*, 1988, 13 (1): 7 – 13.

von Mises, L.. *Profit and Loss* (2013 *edition*) [M] . Literary Licensing, 1951.

von Mises, L.. *Human Action: A Treatise on Economics* [M] . New Haven, CT: Yale University Press, 1949.

Zeithaml, C. P., & Rice, G. H.. Entrepreneurship/Small business education in American universities [J] . *Journal of Small Business Management*, 1987, 25 (1): 44 – 50.

Zucker, L., Darby, M., & Brewer, M.. Intellectual human capital and the birth of U. S. biotechnology enterprises [J] . *American Economic Review*, 1998, 88 (1): 290 – 306.

北京中科创大创业教育投资管理有限公司 & 中国与全球化智库. 中国高校创新创业教育发展蓝皮书 2016 [M] . 北京：机械工业出版社，2017.

成思危. 论风险投资 [M] . 北京：中国人民大学出版社，2008.

国家发展改革委宏观院和农经司课题组. 推进我国农村一二三产业融合发展问题研究 [J] . 经济研究参考，2016 (4)：7 – 14.

吉尔伯特 – 菲特，吉姆 – 里斯. 美国经济史 [M] . 沈阳：辽宁人民出版社，1981.

江怡．逻辑哲学论导读［M］．成都：四川教育出版社，2002.

姜世戟．产业基金与产业结构调整［J］．浙江金融，2007（10）：55－56.

靳海涛．创业投资环境的重大问题［D］．创投及早期投资百人论坛，2017 年．

经济参考网．李克强推进“大众创业　万众创新”国务院 22 份相关文件部署［EB/OL］．信息来源：http：//news. xinhuanet. com/politics/2015－08/06/c_ 1116158737. htm，2015.

李建良．风险投资操作指南［M］．北京：中华工商联合出版社，1999.

李建良．创业投资引导基金参股子基金的管理评价方法［M］．北京：社会科学文献出版社，2015.

李建良．创业投资引导基金的引导模式［M］．北京：社会科学文献出版社，2015.

刘健钧．《创业投资原理与方略》［M］．北京：中国经济出版社，2003.

刘健钧．《创业投资制度创新论》［M］．北京：中国经济科学出版社，2004.

刘健钧．境外创业投资引导基金运作模式与启示［J］．中国科技投资，2006，10.

刘业进，朱海就．科兹纳论竞争与企业家精神［J］．制度经济学研究，2012（2）：187－200.

楼麟．我国创业投资引导基金的现状与问题研究：以苏州工业园区创业引导基金为例［D］．苏州大学硕士学位论文，2012.

迈克尔·莱斯诺夫．社会契约论［M］．刘训练，李丽红，张红梅等译．南京：江苏人民出版社，2012.

彭剑锋．事业合伙人模式从理念到实践．“重新链接·2017 创变者年会”暨第5届正和岛岛邻大会［D］. 2017年6月9日.

谭祖卫. 股权投资学各论［M］. 北京：中国财政经济出版社，2015.

万钢. 政府引导基金要雪中送炭　不要干预市场. 第19界中国风险投资论坛（广州）［D］. 2017.

新浪科技. 罗辑思维CEO脱不花公布“得到”相关运营数据［EB/OL］. https：//www. huxiu. com/article/182114. html（2017年6月15日获取链接），2007.

徐晓玮. 我国风险投资发展研究［D］. 西南财经大学硕士学位论文，2007.

徐欣. 关于政府引导基金运作模式的比较与分析［J］. 江苏科技信息（学术研究），2011，12.

杨芳. 我国私募基金研究［D］. 西南财经大学硕士学位论文，2008.

杨玲. 风险投资基金与产业基金协调发展［J］. 合作经济与科学，2007，8：56－57.

张天佐. 四个方面促进农村一二三产业融合发展［J］. 江苏农村经济，2016（3）：66－67.

张玉利. 创业管理（第3版）［M］. 北京：机械工业出版社，2013.

中国政府网. 国务院这一年支持“双创”，国务院出了哪些实招？［EB/OL］. 2015年12月28日，http：//www. gov. cn/xinwen/2015－12/28/content_ 5028597. htm，2015.